LE GRAND SECRET DE L'ISLAM

Olaf

LE GRAND SECRET DE L'ISLAM

L'histoire cachée de l'islam révélée par la recherche historique

Auto-édition par l'auteur

Le Grand Secret de l'Islam est disponible librement (lecture et téléchargement comme document pdf) depuis le site ***http://legrandsecretdelislam.com.*** On y trouvera également une synthèse en deux parties, à consulter et télécharger tout aussi librement, (résumé en 8 pages, et une présentation des sources principales et de la bibliographie sélective au fondement du *Grand Secret de l'Islam*, en 10 pages).

L'auteur est joignable à l'adresse
odon.lafontaine@gmail.com

Seconde édition du 9 février 2015,
réalisée par l'auteur lui-même à Paris.

Dépôt légal février 2015
ISBN : 978-1-326-18074-4

Un très grand merci à Edouard-Marie Gallez
pour sa patiente collaboration à cet ouvrage.

Ce livre, écrit sous la direction d'Edouard-Marie Gallez, est une vulgarisation et un développement de sa thèse, *Le Messie et son Prophète* (Editions de Paris, 2005-2010), à la lumière des recherches récentes en islamologie. Le lecteur exigeant se reportera à cette thèse pour y trouver les très nombreuses références, sources bibliographiques et historiques que les limites de l'exercice de vulgarisation ne permettent pas toujours de citer.

Etrange chose que ce **sentiment de malaise** vis-à-vis de l'islam qui monte peu à peu parmi les non-musulmans. Comme la presse s'en fait de plus en plus l'écho (et davantage encore sur internet), comme presque trois quarts des Français l'ont reconnu dans un sondage récent[1], il y a quelque chose de perturbant dans l'islam. Pourquoi ces terribles luttes fratricides entre musulmans n'en finissent-elles jamais ? Pourquoi cette intolérance doctrinale de l'islam envers les autres religions ? Pourquoi cette volonté de tout dominer ? Pourquoi les problèmes d'intégration au sein du monde moderne, si ce n'est de compatibilité avec lui ? Pourquoi ces atteintes aux libertés, à la dignité humaine ? Pourquoi si peu de réaction de l'immense majorité des musulmans eux-mêmes devant tout cela ? Et en particulier, pourquoi si peu de réaction devant les violences qui ne cessent de se produire depuis que cette religion s'est imposée, voici environ 1400 ans, et la formidable épopée de Mahomet, son prophète ? Mais surtout, pourquoi est-il si difficile, si ce n'est interdit aux musulmans d'aborder ces sujets, de poser ces questions et de se livrer à des interprétations critiques ? Qu'y a-t-il donc à cacher dans l'islam ?

L'observateur peut certes tenter de caractériser certaines failles de l'islam, comme religion et comme système politique, ce qu'il est à la fois. Constater déjà que dans sa dimension normative et sociale, en tant que code et loi, il peine à bâtir cette société idéale qu'il aspire pourtant à édifier sur toute la terre – cet échec se manifeste bien cruellement dans les régimes islamistes se réclamant de la loi d'Allah. On peut alors tenter d'expliquer et de comprendre ces failles par certaines contradictions intrinsèques à la doctrine, au dogme musulman, en exhibant ce qu'ils peuvent comporter

[1] Sondage Ipsos-Le Monde de janvier 2013 : « *74% des personnes interrogées par Ipsos estiment que l'islam est une religion « intolérante », incompatible avec les valeurs de la société française* ».

d'injonctions paradoxales, de vérités révélées bien peu compatibles avec la nature humaine ou même avec le simple bon sens. Mais au-delà, les clés de la compréhension de l'islam relèvent aussi du travail scientifique, du travail de recherche historique sur ses **origines réelles**. Car c'est dans l'établissement de la vérité sur ses origines, sans parti pris idéologique ni religieux, que l'on pourra comprendre ce qu'il est réellement, et donc la raison de ses défauts, de ses échecs, et aussi de ses qualités et succès. C'est un travail commencé depuis très longtemps, mais qui se poursuit dans une indifférence relative, ignoré ou combattu par les musulmans, on le comprend volontiers, mais également par les médias, les journalistes, les scientifiques, les historiens, les enseignants, les autorités morales, voire par certaines autorités religieuses non musulmanes. Et pour cause ! Ils reprennent presque tous sans le questionner ce que l'islam dit lui-même de ses origines et de son histoire. Ils le reçoivent comme vérité historique, l'impriment dans les manuels, l'enseignent aux enfants, et ce faisant, ils le justifient.

C'est ainsi que l'histoire de l'islam et de sa révélation sont connues de la plupart. Une histoire des plus intéressantes, tant elle divulgue déjà malgré elle, dans sa logique et ses ressorts apparents, un reliquat de la vérité historique sur ses origines et sur sa formation comme religion et comme système politique. Car cette vérité n'est pas dite. L'histoire authentique est cachée, cryptée, secrète, interdite, taboue. Aussi, pour tenter de remonter le cours de l'Histoire dans sa vérité, il faut, en préambule, prendre connaissance de cette histoire que raconte l'islam sur lui-même. Elle nous permettra de voir et de comprendre par la suite quel est donc ce **grand secret** que l'islam s'emploie si bien à cacher, ce secret que dévoile peu à peu la recherche historique, et dont nous allons voir en dernière partie qu'on en trouve les traces dans les textes musulmans eux-mêmes.

PRÉAMBULE

QUE DIT L'ISLAM DE LUI-MÊME ?

L'histoire sainte de l'islam selon l'historiographie musulmane

Mahomet

Il y aurait eu dans l'Arabie du 6e siècle après Jésus Christ, dans le Hedjaz (le sud-ouest de l'actuelle Arabie Saoudite, sa partie riveraine de la Mer Rouge) un peuple de nomades, de commerçants et de guerriers, les Arabes. Ils auraient été les descendants d'**Abraham** (l'Abraham de la Bible) par son fils Ismaël, qu'Abraham eut dans des temps immémoriaux avec sa servante Agar. Selon l'histoire musulmane, ils vivaient au sein d'un système de clans et de tribus, avaient pour religion une sorte de polythéisme mal connu, des cultes païens anciens, et obéissaient à des coutumes rustiques – par exemple, ils maltraitaient leurs femmes[2] et il se raconte même qu'ils enterraient vives leurs petites filles[3]. De plus, la région était en proie à l'anarchie, à de nombreuses guerres entre clans plus ou moins régies par ces coutumes religieuses troubles. C'était le temps de la jahiliya, de l'ignorance, de l'obscurantisme propre aux temps païens.

Dans ce contexte serait né **Mahomet**, en 570, à La Mecque, petite ville caravanière de cette région, au sein de la tribu des Qoréchites. Orphelin très tôt, il est recueilli par son grand père, puis par son oncle, les chefs de la tribu. Vers l'âge de 9 ans, alors qu'il accompagne son oncle lors d'une expédition caravanière en Syrie, un moine chrétien, Bahira, reconnaît en lui un futur prophète. En attendant, Mahomet doit subvenir à ses besoins. Il trouve à s'embaucher comme caravanier et sillonne l'Arabie et le Moyen Orient. Il épouse sa patronne Khadija, une riche veuve. Il aura d'elle quatre filles.

---

[2] L'islam affirme avoir libéré la femme de la condition indigne dans laquelle elle était tenue avant sa révélation. Davantage de détails sur le site suivant : http://www.islamfrance.com/femmeislam3.html

[3] C'est ainsi que sont interprétés les passages s16, 58-59 et s81,8-9 du Coran par les commentateurs actuels.

Vers 610, alors qu'il s'était retiré pour méditer dans une grotte à l'écart, une voix se fait entendre, l'ange Gabriel apparaît[4]. Il lui révèle la parole d'Allah, c'est-à-dire quelques versets du **Coran** qu'il lui enjoint de réciter (les premiers versets de la sourate 96). Gabriel est le messager d'Allah (« le dieu », c'est-à-dire Dieu), le dieu unique, le créateur du monde et du premier homme Adam. Allah s'était révélé par la suite à Abraham et à toute une série de prophètes – Noé, Moïse, Jésus pour les principaux... Mais ceux qui avaient écouté ces prophètes prêcher la parole divine, c'est-à-dire les Juifs et les chrétiens, s'étaient égarés. Ils avaient reçu de leurs prophètes des livres sacrés (la Torah et l'Evangile[5]), et auraient dû suivre leurs commandements. Toutefois, ils s'étaient dévoyés et avaient falsifié leurs écritures. D'où la nécessité pour Allah de parachever sa révélation en envoyant un dernier prophète pour rappeler le monde à l'ordre et fonder à nouveau la vraie religion. Celle qui corrige toutes les révélations précédentes dévoyées, judaïsme et christianisme, en donnant aux nouveaux croyants les justes et ultimes commandements pour vivre selon le plan d'Allah. Et dans ce plan figure notamment la mission de convertir la terre entière pour que lui, Allah, soit enfin satisfait de voir toute l'humanité se soumettre et se conformer à sa divine volonté, lui obéir en tout, du lever au coucher, entre époux et entre amis, dans la paix et dans la guerre, dans tous les actes de la vie quotidienne.

Mahomet s'en ouvre à sa femme. Celle-ci le présentera à son cousin Waraqa, un prêtre présenté comme chrétien, et tous deux conforteront Mahomet dans la validité de sa révélation. Convaincu de la nécessité de la proclamer – illettré comme la plupart de ses contemporains, il ne pouvait pas l'écrire[6] – il devient prédicateur. Il prêche alors le dieu unique aux

[4] Episode étonnamment comparable aux apparitions d'un « ange » que Mani, le fondateur du manichéisme, aurait eues au 3e siècle, en Mésopotamie.

[5] L'Islam ne mentionne pas les quatre évangiles mais « l'Evangile », au singulier.

[6] S7,158 : « *Croyez donc en Allah, en son messager, le* ***prophète illettré*** *qui croit en Allah et en ses paroles.* »

polythéistes de La Mecque. Il parvient non seulement à se faire comprendre d'eux, mais aussi à se faire reconnaître comme prophète. Il rassemble ainsi autour de lui ses premiers fidèles, par son discours et par des signes divins de sa prophétie. Notamment par le miracle du « **voyage nocturne** », l'isra et le miraj (« *le voyage et la montée* ») qui le fera se transporter en une nuit de La Mecque à Jérusalem, aller et retour, au dos de Buraq, son cheval ailé. Au passage, s'envolant depuis Jérusalem (prenant appui sur le rocher du Dôme du Rocher), il visite peut-être l'enfer (les traditions divergent sur ce point), puis traverse les sept cieux jusqu'à s'élever à « *une portée de flèche* » d'Allah. Le Coran céleste lui est révélé, aperçu entre les mains divines. C'est la « *Mère des Ecritures* », le modèle divin qui authentifie la révélation terrestre qu'en fait Mahomet.

En dépit de ces signes, il s'attire les mauvaises grâces des autorités de La Mecque et de ses puissants, importunés par le prophète dans leurs affaires et leur polythéisme. Lorsque sa femme et ses protecteurs viennent à mourir, les persécutions envers Mahomet et les premiers musulmans empirent. Certains croyants seraient même allés jusqu'à traverser la Mer Rouge pour se réfugier en Abyssinie chrétienne. Et Mahomet finira par être chassé de La Mecque. Accompagné de ses adeptes, il trouve refuge à Yathrib, une cité prospère établie dans une oasis du désert à 400 km environ au nord de La Mecque, peuplée de tribus juives et arabes. Ainsi prend fin la période mecquoise de la vie de Mahomet. La date de sa fuite est retenue pour le début du calendrier musulman : l'année 622 sera le début de l'ère de l'**Hégire** (l'exil, l'émigration), la première année des nouveaux temps islamiques.

Sa nouvelle ville d'accueil sera rebaptisée par la suite Médine. S'y ouvre donc la période médinoise de la vie de Mahomet. Il conclut un pacte (appelé « Constitution de Médine ») avec ses hôtes arabes et juifs, et s'entend bien avec eux, comme le montre leur conduite bienveillante initiale à son égard. Il continue de prêcher en divulguant verset après verset la révélation d'Allah, parole qui l'établit alors comme chef politique. Durant tout ce temps, l'ange Gabriel continue en effet de se manifester régulièrement à lui. C'est ainsi qu'il est amené à s'éloigner des pratiques originelles très semblables aux coutumes juives que prônaient ses premiers prêches - comme l'observance de certains jeûnes, rites et prières, ou encore l'obligation de prier en direction de Jérusalem. Plus tard, il l'aurait modifiée, l'orientant vers La Mecque. Il s'y serait trouvé un ancien sanctuaire, **la Kaaba**, dont la construction est attribuée à Abraham lui-même, dit-on. Mais les polythéistes mecquois l'auraient ensuite dévoyée et encombrée des idoles païennes de leurs cultes.

Pour subvenir aux besoins de la communauté et face à l'hostilité des Mecquois et des sceptiques, Mahomet, le prophète pacifique devenu maître religieux de Médine, se mue désormais en chef de guerre : malgré ses réticences initiales, la révélation de nouvelles sourates lui enjoint d'user de toutes les violences, de prêcher la guerre sainte, et de faire mener expédition sur expédition contre les caravanes de La Mecque (des razzias). Il élimine ses adversaires politiques, ses contradicteurs et ses caricaturistes. Médine vit cependant l'âge d'or de l'islam, Mahomet édicte les règles d'une juste paix, libérant par exemple la femme du statut indigne dans lequel les polythéistes sont supposés l'avoir confinée. Il mène une vie humble malgré ses nombreuses épouses[7], dont il

---

[7] Au moins 13 femmes selon les traditions, sans compter les esclaves et prises de guerre (13 épouses selon Ibn Hicham, historien musulman du 9e siècle et biographe de Mahomet, jusqu'à 28 selon Ibn Kathir, juriste et historien musulman du 14e siècle). Mahomet bénéficiait en cela d'une permission spéciale d'Allah qui le libérait de la limite fixée à 4 femmes en islam. Pour tous les musulmans s'applique s4,3 : « *Prenez des épouses par deux, trois, quatre parmi les femmes qui vous plaisent.* ». Allah a spécialement statué sur le harem de Mahomet par la révélation de s33,50 : « *Ô Prophète! Nous t'avons rendu licites tes épouses à qui tu as donné leur dot, ce que tu as possédé légalement parmi les esclaves qu'Allah t'a destinées, les filles de ton oncle paternel, les filles de tes tantes paternelles, les filles de ton oncle maternel, et les filles de tes tantes maternelles, – celles qui avaient émigré en ta compagnie, – ainsi que toute femme croyante si elle fait don de sa personne au Prophète, pourvu que le Prophète consente à*

n'aura cependant aucun enfant. Il continue de dévoiler à l'appui de ses actions des versets nouveaux de la révélation. Il recrute ainsi toujours plus de fidèles, et combat les oppositions des croyants sceptiques, les *munafiqun*. Face aux trahisons de ses hôtes juifs de Médine qui n'auraient plus respecté le pacte initial, il finit par en expulser deux de leurs tribus, et fait massacrer et réduire en esclavage la troisième en 627(la tribu des Banu Qurayza)[8].

S'étant ainsi renforcé, Mahomet peut s'emparer de La Mecque. Il y entre en 629 à l'occasion de la trêve d'Hudaybayyiah, puis prend définitivement la ville en 630. La Kaaba est nettoyée des idoles païennes et devient ce cube vide orné d'une pierre noire que nous voyons encore aujourd'hui[9]. La Mecque gagne définitivement son statut de ville sainte. Les conquêtes continuent dans le Hedjaz, de nouveaux territoires sont gagnés, des populations se convertissent à cette nouvelle religion, l'islam, Juifs et chrétiens conservant cependant une certaine liberté de culte. L'Arabie s'unifie dans une même langue, une même religion et s'identifie peu à peu à l'oumma, la communauté des croyants musulmans. La conquête et les conversions continuent de s'étendre jusqu'au Proche Orient.

En 632, Mahomet réalise son dernier pèlerinage à La Mecque, islamisant ainsi la coutume ancienne qu'observaient également les polythéistes, et l'établissant comme pilier de la nouvelle foi. Il meurt peu après, le 8 juin 632, à Médine, et y sera enterré.

---

se marier avec elle: c'est là un privilège pour toi, à l'exclusion des autres croyants. ». Malgré la taille de son harem et sa vigueur légendaire (selon Ibn Kathir), Mahomet n'en eut qu'un seul fils, mort en bas âge (selon les historiens musulmans). Il n'eut ainsi qu'un seul enfant à lui survivre, sa fille Fatima, issue de son mariage avec Khadija, mariée au futur calife Ali.

[8] Rapporté par Ibn Hicham.

[9] La Kaaba connut cependant quelques mésaventures après cela, notamment l'inondation de 1620 qui emporta une partie des murs – le sultan Mourad IV la fit alors reconstruire plus solidement vers 1631.

L'islam après Mahomet
(selon l'historiographie musulmane)

A sa suite, Abu Bakr, un de ses compagnons, devient calife, c'est-à-dire « successeur » (de Mahomet), et donc chef religieux, politique et militaire de l'oumma. Il s'agit alors d'un califat électif, doté d'un conseil califal consultatif, le « mushawara » (la consultation), composé de compagnons de Mahomet, parmi lesquels nous retrouvons notamment trois futurs califes (Omar, Otman et Ali), Ubay, et Zayd. Zayd fut le secrétaire personnel du prophète, auquel fut naturellement confiée une première compilation de la révélation coranique, transcrite par les compagnons de Mahomet. Abu Bakr poursuit les conquêtes, combat certaines tribus musulmanes refusant de voir en lui le successeur du prophète (ce sont les guerres de « ridda » ou guerres d'apostasie) et meurt à Médine, en 634, confiant son pouvoir à Omar. Celui-ci, deuxième calife fut un très grand conquérant. Il étend l'empire aux confins de la Tunisie actuelle, en passant par l'Egypte, tout le Moyen Orient, l'Irak, et jusqu'aux extrémités de l'Iran d'aujourd'hui. Il prend Damas (634). Les Arabes entrent à **Jérusalem** vers 637-638, qui sort donc du giron de l'Empire Romain d'Orient (Byzance). Omar y fait construire un sanctuaire, la « mosquée d'Omar » sur l'actuelle esplanade des mosquées, à l'emplacement supposé de l'ancien temple des Juifs. Le calife Abd Al-Malik la remplacera par la suite par le Dôme du Rocher, construit vers la fin du 7e siècle.

Pendant ce temps, les témoins de Mahomet, ses compagnons, ses scribes, son secrétaire, auraient continué d'apprendre par cœur, de réciter, de transcrire et de diffuser sa révélation, la parole d'Allah, le Coran. Ils auraient continué aussi de se remémorer l'exemple de sa vie. Mais de fil en aiguille, le risque de compromettre la révélation se serait accru avec la mort des témoins et l'apparition de **divergences** au sein de l'oumma. Le travail de collecte des fragments coraniques éparpillés parmi les musulmans, initié sous Abu Bakr, poursuivi sous Omar, toujours grâce à Zayd, ne suffit pas. Après l'assassinat d'Omar à Médine en 644, c'est Otman, son successeur, le troisième calife, qui fera finalement compiler entre 647 et 653 une version unique et officielle, la version canonique du Coran, classifiant et ordonnant les sourates de la plus longue à la plus courte. Otman aurait fait alors détruire l'ensemble des recueils et fragments antérieurs dans tout le califat. Il y diffuse la véritable version du Coran, sous la forme de cinq exemplaires de référence, à Médine, Damas, Koufa et Bassora (dans l'actuel Irak), et à La Mecque. C'est cette version que l'édition de 1923 du Caire a théoriquement avalisée. Elle fait toujours référence pour tous les musulmans. Après l'assassinat d'Otman en 656 lui succèdera Ali, cousin, gendre, disciple et compagnon historique de Mahomet. Il fera face à une très grave guerre civile au sein de l'oumma, la **première *fitna***.

Ali sera assassiné en 661, mettant fin au califat des « rachidun » (« *bien guidés* »), ces premiers successeurs de Mahomet que l'islam sunnite reconnait comme des dirigeants modèles et divinement inspirés. L'assassinat d'Ali amplifiera encore la guerre civile avec la querelle de sa succession, portant tant sur la nature de l'héritage de Mahomet que sur l'affrontement des ambitions politiques déjà observé précédemment. Elle finira par séparer irrémédiablement les musulmans entre sunnites, chiites et autres branches dissidentes : pour schématiser, les sunnites se révèleront partisans d'une succession politique à Ali via Hasan, son fils, qui prend sa suite en 661 pour moins d'une année, et surtout via Muawiya, le gouverneur de Syrie qui s'impose très rapidement face à Hasan par la force. Les chiites veulent une légitimité religieuse au successeur de Mahomet, un imam davantage qu'un chef militaire, et qui plus est, un imam descendant du prophète. Ils ont reconnu Hasan, fils d'Ali et petit fils de Mahomet, comme leur chef. A la mort d'Hasan en 670 (on dit qu'il aurait été empoisonné par sa propre femme sur ordre de Muawiya, neuf ans après son éviction par ce dernier), ils se porteront vers son frère Hussein (le troisième imam des chiites, après son frère Hasan et son père Ali). Ils s'opposent donc à Muawiya, l'éternel adversaire d'Ali et de ses fils, devenu calife (le premier calife omeyade). Il faut savoir par ailleurs que les vicissitudes de l'opposition de Muawiya à Ali avaient déclenché la scission d'une troisième branche de musulmans parmi les partisans d'Ali, les Kharidjites. Ce sont eux qui avaient assassiné Ali en 661. Retenons que Muawiya s'imposa donc comme calife, transférant la capitale de Médine à Damas. Il en terminera avec le califat électif en choisissant son fils Yazid pour lui succéder à sa mort, en 680, fondant ainsi la dynastie des Omeyades. Yazid fera assassiner Hussein, et les Omeyades règneront alors jusque 750 sur fond de deuxième *fitna* et d'interminables guerres religieuses et politiques.

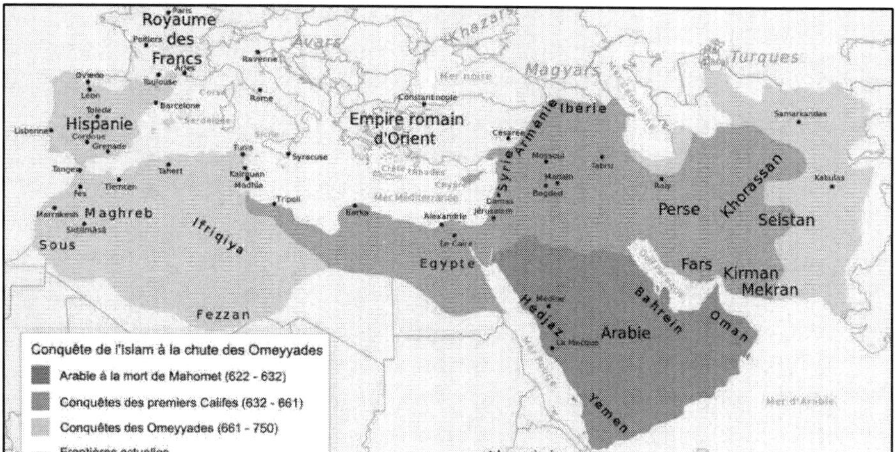

Pendant tout ce temps se poursuit également la guerre sainte d'expansion de l'oumma contre les infidèles : Perses, Byzantins, Berbères et autres Nord-Africains, Wisigoths d'Espagne. La conquête s'étend même jusqu'aux Francs et à l'Asie Centrale. Les luttes intestines n'en finissent pas pour autant, puisqu'au terme d'une nouvelle guerre civile, les Omeyades sont vaincus à la bataille du grand Zab (750) par As-Saffah. Il devient calife et établit alors sa nouvelle dynastie, **les Abbassides**, pour gouverner l'oumma depuis sa nouvelle capitale, Bagdad, marquant ainsi la montée de l'influence perse dans l'empire. Après quoi s'imposeront les Mongols au 13e siècle, puis les Ottomans au 14e siècle.

L'histoire des premiers temps de l'islam se révèle ainsi bien tourmentée : trois califes assassinés sur les quatre premiers, assassinats d'Hasan et Hussein, guerres civiles récurrentes dans l'oumma, guerre sainte de conquête menée contre les incroyants, sans parler de la brutalité avec laquelle les califes ont exercé leur autorité absolue. La nouvelle religion de paix[10] ne portait pas alors à l'apaisement.

Néanmoins, la parole d'Allah fut conservée miraculeusement intacte, ainsi que la mémoire des faits et gestes de son prophète. Celle-ci constitue la tradition (la sunna), issue du colportage des hadiths, ces témoignages rapportés dans des chaînes de transmission orale plus ou moins solides depuis les compagnons de Mahomet. On en compte jusqu'à un million et demi selon les compilations des siècles qui suivirent.

C'est ainsi qu'est rapportée l'histoire des premiers temps de l'islam par les musulmans : on ne possède en effet aucun récit historique musulman contemporain des événements ici racontés. La *sîra*, la biographie du prophète qui fait référence, n'a été écrite qu'au 9e siècle par Ibn Hicham, qui s'inspirait d'une biographie disparue, écrite par Ibn Ishaq un siècle plus tôt. En associant Coran, *sîra* et hadiths complémentaires, les musulmans discernent le message divin, la révélation toute entière contenue dès le départ en la personne de Mahomet. Il constitue en effet une révélation par lui-même, par sa propre

---

[10] Les apologistes de l'islam veulent aujourd'hui traduire le mot « islam » par « paix » alors qu'il signifie « soumission ».

parole (lorsqu'il dicte le Coran révélé par Gabriel) mais aussi par son comportement de « *beau modèle* », d'**exemple parfait et normatif** en tout ce qu'il aurait fait ou n'aurait pas fait. De là est instituée la loi divine, la charia, rédigée dans sa forme quasi définitive autour du 10e siècle. Elle interprète, explicite et codifie ce message aux musulmans pour vivre dans la voie voulue par Allah pour eux et pour toute la terre. L'ensemble des éléments de l'islam et de sa vision du monde sont alors fixés et écrits. En voici la synthèse ci-après.

L'essentiel du dogme musulman

1. Un **dieu unique**, Allah, créateur et maître absolu de toute chose, de toute vie et de tout instant : la nature, l'écoulement du temps, les phénomènes étudiés par la science, les fortunes et infortunes des musulmans comme des infidèles n'existent que parce qu'Allah en décide ainsi et les fait advenir à chaque moment.

2. Une **révélation** de la parole d'Allah au premier croyant et premier prophète d'Allah, Abraham ; puis une révélation de cette parole à une humanité rebelle réalisée par des prophètes venus successivement la rappeler à l'ordre divin pour la corriger de ses dérives dans son application. Ces rappels réguliers à la même parole d'Allah exigent des hommes qu'ils se soumettent entièrement à leur créateur, selon la loi qu'il leur impose. Les grandes religions monothéistes que l'islam appelle les « religions du livre » sont issues des trois principaux de ces prophètes (Moïse, Jésus, Mahomet), qui se sont chacun adressés respectivement à certaines communautés :
   - au **peuple juif**, descendant d'Abraham, prophète d'Allah, à qui Moïse, prophète d'Allah, aurait donné un livre saint, la Torah, contenant la révélation d'Allah ; ce livre annoncerait la venue de Jésus, prophète d'Allah, et contiendrait les commandements selon lesquels les Juifs seraient censés vivre. Mais les Juifs auraient falsifié leurs écritures et rejeté les commandements d'Allah donnés par Moïse.
   - aux **chrétiens**, communauté issue des Juifs, donc d'Abraham, à qui Jésus, prophète d'Allah, aurait donné un livre saint, l'Evangile, contenant la révélation d'Allah supérieure à la Torah ; ce livre annoncerait la venue de Mahomet, prophète d'Allah, et contiendrait les commandements selon lesquels les chrétiens seraient

censés vivre. Mais les chrétiens auraient falsifié leurs écritures et rejeté les commandements d'Allah donnés par Jésus. Ce dernier tient un rôle particulier parmi les prophètes de l'islam, puisqu'il est reconnu comme messie, qu'il n'est pas mort sur la croix mais a été enlevé in extremis par Allah et gardé en réserve au ciel en vue de la fin des temps.

- aux Arabes, peuple choisi ultimement par Allah, descendant d'Abraham, prophète d'Allah, et par extension, les **musulmans**, communauté issue des Arabes par leur conversion, à qui Mahomet, prophète d'Allah, aurait donné un livre saint, le Coran, contenant la révélation d'Allah supérieure à la Torah et à l'Evangile, révélation qui clôt toutes les révélations, et livre contenant les commandements selon lesquels les musulmans seraient censés vivre. Les musulmans auraient quant à eux conservé intactes leurs écritures et observeraient les commandements d'Allah donnés par Mahomet et explicités par la tradition.

3. Le commandement absolu donné aux musulmans, en tant que dépositaires légitimes de l'ultime parole d'Allah conservée dans toute son intégrité, de **soumettre la terre entière** à la loi d'Allah, à commencer par eux-mêmes (loi comprenant les cinq piliers de l'islam : profession de foi, prière, obligations du ramadan, aumône et pèlerinage à la Mecque). Il s'agit de se placer dans un rapport de sujétion absolue à la volonté d'Allah, de s'en remettre entièrement à lui et à sa loi, selon sa volonté révélée. L'application de sa loi serait la clé du bonheur terrestre et du paradis céleste après la mort – sa non-application menant alors à l'enfer, voire au châtiment terrestre tel que le définit la charia. Et cette loi commande de libérer le monde des infidèles, des incroyants (les « koufar ») qui sont une offense à Allah, à son plan divin, et donc à l'islam.

4. L'attente de la **fin des temps** où se produira le « *Jour du Jugement* », la venue du Mahdi et le retour du « *Messie Jésus* » (pour les sunnites), ou celui du 12e imam (pour la plupart des chiites), qui combattront les forces du mal, l'éradiqueront de la terre, soumettront tous les infidèles et établiront l'islam à jamais, pour tous.

Voilà dans les grandes lignes ce que l'islam dit de lui-même, de ses origines et de ses grands principes. Il s'agit d'un système assez cohérent, qui présente en tous cas une **implacable logique interne**. Les événements historiques s'y imbriquent les uns dans les autres selon les mêmes déterminants et obéissent aux mêmes injonctions que ceux et celles de l'islam d'aujourd'hui. Il s'agit d'une vision globale du monde qui l'ordonne en mettant toute chose à sa juste place :

Ce système justifie la nature sacrée et incontestable du projet de l'islam, qui est de sauver le monde en le soumettant à l'islam, que ce soit par la conquête ou par la conversion :

C'EST LA VOLONTÉ D'ALLAH

Ce système explique comment cette volonté d'Allah est arrivée aux musulmans :

C'EST PAR LA RÉVÉLATION DU CORAN, PAROLE D'ALLAH

Ce système explicite la ligne de conduite que les musulmans se doivent de tenir selon la volonté d'Allah (en tous cas les musulmans pieux) :

C'EST L'EXEMPLE DU PROPHÈTE MAHOMET, ENVOYÉ PAR ALLAH

Ce système démystifie les incohérences du monde, comme par exemple la présence d'autres religions monothéistes. Chaque homme a beau naitre musulman, depuis Adam et l'origine du monde, la plupart ignorent la volonté d'Allah, pourtant révélée tout au long de l'Histoire :

SEULS LES MUSULMANS APPLIQUENT VRAIMENT LA VOLONTÉ D'ALLAH

Si l'on constate des troubles entre musulmans, du malheur dans leurs pays, ce ne peut être que parce que la volonté parfaite d'Allah y est mal appliquée. Si certains critiquent les musulmans, ce ne peut être que parce qu'ils sont ignorants : ils connaissent bien mal la volonté d'Allah, qui explique tout, qui prévoit déjà tout, par définition.

DES QUESTIONS, UNE RÉPONSE : CONNAITRE ET APPLIQUER LA VOLONTÉ D'ALLAH

Cette vision du monde l'explicite d'autant mieux qu'on ne la questionne pas. Il est donc rigoureusement interdit de le faire en islam. Nous vous proposons malgré cela de questionner cette vision, ce discours, ce système, en racontant une autre histoire, celle que les musulmans des premiers siècles ont escamotée, celle que les musulmans d'aujourd'hui ignorent et gagneraient tant à connaître : l'histoire du **grand secret de l'islam**.

LE GRAND SECRET DE L'ISLAM

Comme nous l'avons mentionné en introduction, pour l'essentiel, notre monde ne connaît l'islam que par ce que celui-ci dit de lui-même, par l'histoire musulmane elle-même, considérée comme juste et vraisemblable. C'est ce qu'affirment la plupart des islamologues des plateaux de télévision. Mais voici que ces dernières années, des **percées majeures** relatives à cette histoire ont été réalisées : des éléments de recherche nouveaux, des découvertes archéologiques, de nouvelles approches linguistiques et codicologiques (se rapportant aux textes anciens), la prise en compte du contexte araméen s'imposant comme celui de la naissance de l'islam, des études rigoureuses des textes musulmans et bien d'autres éléments encore.

Une thèse de doctorat en théologie et histoire des religions a été soutenue en 2004 à l'université de Strasbourg II par un chercheur étonnant, le père Edouard-Marie Gallez[11], élève et continuateur des travaux du père Antoine Moussali – lesquels s'enracinent eux-mêmes dans les travaux précédents de chercheurs du Moyen-Orient[12]. Cette thèse se fonde également sur les recherches personnelles de son auteur et sur la reprise d'un colossal ensemble de recherches précédentes, ayant abouti aux percées majeures déjà mentionnées. Nous citerons en particulier les suivantes :

- Islamologie « classique » : des découvertes remarquables ont été réalisées par Régis Blachère, Alfred-Louis de Prémare, Patricia Crone, Michael Cook, Marie-Thérèse Urvoy, Gerd Puin, Manfred Kropp, Guillaume Dye, Robert Kerr, Günter Lüling ou encore Christoph Luxenberg ;
- Recherches plus ou moins éparses de nombreux intellectuels, historiens, archéologues, géographes, linguistes, scientifiques et religieux ;

[11] Il a publié sa thèse (1 000 pages environ) sous le titre *Le Messie et son Prophète*. Il actualise depuis ce travail, avec notamment un essai récent, *Le Malentendu Islamo-Chrétien*, des publications régulières sur un site internet dédié à sa thèse (cf. annexes) et des interventions au sein de l'association EEChO

[12] Joseph Azzi, Monseigneur Dora-Haddad, le père Magnien (de Jérusalem).

- Traditions historiques et religieuses - à commencer bien sûr par les traditions et les textes musulmans - et aussi les traditions juives et celles des Eglises d'Orient ;
- Approche nouvelle du christianisme des origines, éclairée notamment par l'analyse des manuscrits de la Mer Morte.

En reliant les différents aspects abordés isolément par chacun sur son sujet, l'auteur **assemble les différentes pièces du puzzle** dans le cadre d'une approche globale, étayée par des faits, des témoignages, une multitude de preuves et d'indices convergents que l'on trouvera abondamment listés et référencés dans ses ouvrages. Il propose une explication scientifique à l'apparition de l'islam, documentant ses origines réelles et les différentes péripéties historiques qui lui ont permis de se constituer comme religion. Et par là, il permet de comprendre ce qu'est l'islam en vérité. C'est cette approche nouvelle et détonante dont nous nous proposons de mettre les principaux résultats dans une perspective historique, enrichie des dernières découvertes de la recherche venues la préciser.

Bien sûr, il n'existe pas de vérité absolue en matière de recherche historique. Les chercheurs cherchent, découvrent, réfutent, expliquent, et continuent toujours de chercher pour tenter d'approcher la vérité au plus près. Comme telle, cette démarche ne saurait être dirigée contre les musulmans. Ils n'ont rien à craindre, rien à perdre, et tout à gagner dans ce travail de recherche de la vérité, de la même façon que les chrétiens finissent par bénéficier de ce même travail initié depuis longtemps sur les origines historiques du christianisme.

Voici donc l'histoire du grand secret de l'islam, une histoire dont le lecteur va pouvoir constater combien elle diffère de l'histoire officielle.

DE RÉVÉLATIONS DIVINES EN POST-CHRISTIANISMES

Israël, année 30

Cette histoire commence dans l'Israël des années 30 après Jésus Christ. Israël y est alors avant tout un peuple, le peuple hébreu, un peuple forgé par sa religion. Selon sa tradition (la tradition biblique), un homme, Abraham, aurait répondu à l'appel de Dieu il y a environ 3 800 ans et quitté la Mésopotamie pour une terre promise, qui se révéla être Israël. La **promesse de Dieu** à Abraham était celle du don d'une terre et d'une descendance innombrable. Le peuple hébreu se revendique de cette descendance ; Abraham en serait alors le patriarche, le premier juif[13] en quelque sorte – le second devant être alors son fils Isaac. Depuis Abraham, le peuple hébreu vit ainsi dans « l'Alliance » : Dieu s'est révélé à lui et l'a choisi pour porter cette révélation. Et ainsi, au fil de l'édification historique très progressive du peuple hébreu et de la construction de son rapport à un dieu empreint de pédagogie envers lui, ce peuple l'a peu à peu reconnu comme dieu unique et exclusif. Il lui a accordé sa foi, rejeté les idoles, et vit en cela une religion singulière dans le monde païen, adorant le dieu unique, créateur et protecteur, « l'Eternel ».

Des patriarches comme Moïse, de nombreux prophètes comme Elie, Isaïe ou Daniel se sont levés au long d'une histoire mouvementée pour conduire le peuple, l'enseigner, l'admonester, le rappeler à ses devoirs envers Dieu, au sens de Dieu. Leurs rappels à l'ordre, leurs commandements, leurs lois et les traditions immémoriales du peuple hébreu ont été

[13] « juif » (sans majuscule) se rapporte ici à la religion, « Juif » (avec majuscule) à l'ethnie (et par extension, aussi, à la religion). La pratique religieuse juive ayant considérablement évolué au fil des événements que nous allons décrire, nous emploierons préférentiellement le mot « Hébreu » (se rapportant strictement à l'ethnie) à celui de « Juif », moins sujet au double sens.

rassemblés et compilés dans un ensemble de textes. Parmi ceux-ci, l'un en particulier, la Torah, rassemble en cinq livres l'histoire du monde depuis sa création, l'histoire du peuple hébreu et une loi fondamentale régissant l'ensemble de la vie des juifs d'alors : vie morale, rapports à Dieu, séparation stricte du juif et du non-juif (le non-juif était supposé rendre impur un juif par son seul contact, ce qui avait permis à ce peuple de construire, préserver et transmettre son héritage religieux dans l'hostile monde antique) ; on y trouve aussi une codification de la vie quotidienne, des rites de pureté et autres règles de comportements. Selon la tradition, la Torah a été dictée par Dieu à Moïse sur le Mont Sinaï, lors de l'exode du peuple hébreu hors d'Egypte. Elle est au cœur de la vie des Hébreux, qui sont nombreux à la connaître par cœur ainsi que les autres livres sacrés (les psaumes et les livres des prophètes). Ils la transmettent ainsi en famille et en communauté, en langue araméenne, qui est la langue véhiculaire et de compréhension des textes sacrés (les targoums). Parmi les commandements de Dieu dont l'observance est prescrite, l'un en particulier revêt une importance capitale : c'est la dévotion rendue au **temple de Jérusalem**.

Reconstitution contemporaine du temple d'Hérode le Grand
(détail de la maquette du Musée d'Israël, à Jérusalem)

Ce temple est spécifique au peuple hébreu. Il est pour lui le lieu de la présence réelle de Dieu sur terre, sa maison (le mot de « temple » n'existe pas dans les langues sémitiques qui emploient celui de « maison »). C'est là qu'on lui rend un culte, par le sacrifice d'animaux et par diverses offrandes. C'est une obligation a minima annuelle pour tout juif, et l'occasion d'un pèlerinage. Le temple abritait initialement l'arche d'alliance (le coffre qui contenait les tables de la loi de Moïse), perdue après la destruction du premier temple. Avec sa reconstruction au fil des aléas de l'histoire, Jérusalem est couronnée en l'an 30 par un temple monumental et somptueux, le temple d'Hérode le Grand. Situé comme son prédécesseur le temple de Salomon au Mont du Temple, le mont Moriah, sur le lieu supposé du sacrifice d'Isaac par Abraham, il se compose de plusieurs enceintes. En son cœur se trouve le temple proprement dit, un gigantesque bâtiment dont l'emprise au sol forme une sorte de grand T : les prêtres y entrent par la barre horizontale, son fronton, et le fond de la barre verticale de ce T présente la forme d'un grand cube, séparé de l'entrée par un rideau. C'est le Saint des Saints, c'est là que réside Dieu sur terre, en son temple, dans cette grande pièce cubique, vide. Personne n'entre jamais dans le Saint des Saints, sous peine de mort, sauf le grand-prêtre et lui seul, une fois par an. A l'extérieur du temple sont faites les offrandes et réalisés les sacrifices d'animaux, au nom de Dieu. Ce temple est une des merveilles du monde d'alors, la fierté du peuple hébreu.

Israël en l'an 30 est aussi une terre, cette **terre promise** par Dieu, offerte par Dieu. Certes, le peuple hébreu présente déjà, et depuis fort longtemps, une considérable diaspora (en Egypte, en Perse, à Rome et dans tout le monde antique jusqu'en Chine, où l'ensemble de cette diaspora, présente principalement dans les villes commerçantes, aurait représenté 2 à 3 millions de personnes à l'époque, soit la moitié environ du peuple hébreu). Son attachement à la terre promise reste cependant très fort. Mais, en l'an 30, la terre d'Israël est « outragée » à plusieurs égards. Tout d'abord, elle est désunie : divisée en plusieurs royaumes et provinces, gouvernée par plusieurs monarques (les tétrarques). La Samarie, ce territoire qui se situe à peu près en son milieu, est peuplé de Samaritains, des non-juifs (ou plutôt des juifs hérétiques), c'est-à-dire des personnes impures pour tout juif sérieux (particulièrement les Judéens, maîtres de Jérusalem et de son temple, qui regardent avec hauteur les autres juifs). Tout autour d'Israël, enfin, des royaumes et des peuples idolâtres.

De plus, voilà plusieurs siècles que la terre d'Israël est occupée, soumise à un **envahisseur étranger** : les Assyriens, les Babyloniens, les Perses puis les Grecs, et désormais les Romains, s'appuyant sur des autorités locales juives pactisantes, notamment les autorités religieuses. La Judée (Judée-Samarie-Idumée) en particulier est administrée par un préfet romain (Ponce Pilate). La pax romana est cependant relativement bienveillante envers le peuple hébreu malgré les récriminations contre l'impôt romain : les structures religieuses et politiques traditionnelles ont été maintenues par les Romains, le culte au temple et l'adoration du dieu unique sont respectés (de très nombreux Hébreux pratiquent d'ailleurs leur religion à Rome même).

Chez beaucoup d'Hébreux, notamment en Judée, perdure cependant le rêve de l'indépendance et de la réunification nationale, nourri par le souvenir des temps bénis des grands rois juifs (David, Salomon), de la terre juive unifiée où chacun se conformait aux lois selon le plan divin. Nourri également par une certaine interprétation des écritures saintes et des promesses de Dieu dont elles rendent compte : n'a-t-il pas été promis par Dieu via ses prophètes qu'Israël finira par l'emporter, que les rois étrangers viendraient un jour servir Israël eux-mêmes ? Un **messie**, un sauveur envoyé par Dieu a même été annoncé par les prophètes. Un descendant du roi David, plus précisément, un nouveau roi qui restaurera la royauté, libérera Israël sur lequel il fera régner Dieu pour que le temple rayonne sur le monde entier[14]. Se lèvent ainsi beaucoup de messies, de révoltés et de libérateurs dans ces

[14] Voir par exemple le chapitre 60 du Livre d'Isaïe

temps d'excitation religieuse. Les Hébreux ont une longue tradition de révolte contre leurs envahisseurs, comme la révolte des Maccabées au 2ème siècle avant Jésus Christ ; et encore celle de Judas le Galiléen, en l'an 6. Sa révolte contre le légat romain Quirinius se solda par la crucifixion de 2 000 de ses partisans... Mais depuis l'avènement de l'empereur Tibère, les choses semblent s'être calmées en surface, « sub Tiberio quies », comme l'écrivait Tacite.

Jésus, son message, ses adeptes, leurs dérives…

A partir de ce contexte hébreu, l'histoire du grand secret de l'islam va nécessiter une compréhension fine du retentissement de certains aspects de la révélation chrétienne dans les mentalités et dans l'Histoire.

Le sermon sur la montagne
(de Fra Angelico)

Voici qu'intervient en effet un homme dont l'impact va tout changer pour le peuple hébreu, et même pour le monde entier. Jésus[15] apparaît vers l'an 27 en Israël et se lance dans trois années de prédication itinérante. C'est un rabbi qui connaît à la lettre la Torah et les écritures, et enseigne dans les synagogues et au temple de Jérusalem. Interprétant ces écritures, il proclame un discours nouveau, inouï. Il invoque l'autorité de Dieu dont il se dit « fils », « pardonne les péchés » en son nom, et accomplirait des signes miraculeux. Il galvanise les foules et rassemble autour de lui tout un groupe d'hommes et de femmes, des curieux, des passionnés, des disciples et des apôtres. Entre autres choses, il explicite la **question du mal** et la possibilité d'en être délivré, d'en être sauvé. C'est une nouveauté absolument radicale dans le monde d'alors, touchant des ressorts psychologiques bien plus profonds que ceux auxquels pouvaient prétendre les cultes païens (mais que la religion hébraïque de cette époque préparait déjà,

[15] Détails et contexte historique de la vie de Jésus tirés pour la plupart du livre de l'historien Jean-Christian Petitfils, *Jésus* (2011, Fayard), de *La Vie Authentique de Jésus Christ* de René Laurentin (1996, Fayard), ainsi que du *Nouveau Testament*.

notamment dans sa loi, son espérance, ou dans sa séparation du pur et de l'impur). En introduisant la perspective du salut, il rompt avec la vision d'un mal « naturel », compris comme faisant partie de l'ordre des choses. Il rompt avec les visions cycliques de l'histoire des hommes et des sociétés anciennes, condamnées aux éternels recommencements : il ouvre les perspectives d'un destin personnel et collectif, d'un bonheur à saisir ici-bas, d'une libération possible du mal. Le salut qu'il propose agit à la fois comme **salut personnel** de l'Homme par sa relation à « Dieu-Père » via lui-même « Jésus-Fils », et comme **salut collectif** dans le rapport aux autres : « *heureux les pauvres de cœurs* » dit-il, « *heureux ceux qui ont faim et soif de justice* », « *heureux les artisans de paix* », un monde meilleur est à construire, à attendre. « *Le Royaume des Cieux est tout proche* ».

Serait-ce lui le **messie** espéré par le peuple hébreu ? Certains veulent le voir comme le roi attendu qui va libérer Israël de l'occupant et restaurer sa splendeur politique. D'autres perçoivent que ce n'est pas sur ce plan-là qu'il entend exercer une messianité liée à sa descendance davidique, mais sur un plan religieux, notamment face à la grande-prêtrise du temple. Celle-ci est en effet accaparée par une famille d'usurpateurs (descendante des Hasmonéens), et qui plus est compromise avec l'occupant romain, tandis que le rôle de prière dévolu traditionnellement à la tribu de Lévi – les prêtres d'Israël – s'efface de plus en plus au profit du mouvement pharisien, lui-même lié au temple. Jésus dénonce effectivement la corruption de la foi, de la pratique religieuse (notamment au temple) et de ceux qui les encadrent. De plus, il parle de la foi juive comme nul ne l'avait fait auparavant. Il explique les textes en montrant leur sens profond et leur accomplissement, rejetant les interprétations hypocrites légalistes. Il s'inscrit pleinement dans l'alliance ancienne avec Dieu, en allant jusqu'à montrer qu'elle est faite pour s'étendre aux non juifs, aux païens, au mépris des règles de pureté, ce qui est source de très grand scandale (notamment chez les pharisiens). A cela s'ajoute la multiplication des témoignages de ses miracles. Devant le risque de devoir le reconnaitre comme messie, le pouvoir en place au temple va alors chercher à le faire mourir. Car s'il est le messie, alors les autorités religieuses lui doivent obéissance et doivent lui remettre le pouvoir qu'elles exercent. Et pour la plupart, c'est impensable !

La crucifixion (de Nikolai Ge)

Un complot est donc organisé pour l'arrêter. L'affirmation de son lien avec Dieu sera le prétexte saisi par les autorités du temple (réunies partiellement, et de nuit) pour le **condamner à mort**. Puis on s'arrange avec les Romains qui l'exécutent d'une façon horrible et infâmante, cloué sur une croix (le supplice réservé aux esclaves), le vendredi 7 avril de l'an 30[16].

Mais voici cependant que malgré son exécution, ses disciples se montrent en public. Ils s'étaient pourtant tous sauvés ou cachés au moment de son arrestation par peur des représailles. Quelque chose d'inouï se serait produit à l'aube du troisième jour après la mort de Jésus, un événement qui aurait poussé ses disciples à reparaître au grand jour et à poursuivre sa prédication au peuple hébreu et aux païens, au risque des pires persécutions, qui s'abattront d'ailleurs sur

[16] D'après les calculs des historiens modernes appliqués aux évangiles : la crucifixion a eu lieu une veille de sabbat, donc un vendredi, également jour de la préparation de la Pâques juive, donc le 14 du mois de Nisan dans le calendrier hébraïque. Ces deux éléments coïncident en l'an 30 de notre ère, le 7 avril.

eux. Cet événement qui n'a jamais cessé de susciter des controverses depuis lors deviendra bientôt une **clef de l'histoire**, sinon la clef des siècles à venir.

En effet, à partir du dimanche suivant le jour de l'exécution, la nouvelle commence à courir que Jésus est apparu à diverses personnes. Puis, durant quarante jours, d'autres voient également Jésus, dont tous peuvent constater que son tombeau est vide. Le pouvoir religieux du temple s'inquiète et tente de faire croire à une supercherie : il paye les soldats romains préposés à la garde du tombeau pour qu'ils disent avoir vu des disciples de Jésus dérober son corps – c'est le bruit[17] que les autorités du temple essayèrent de répandre jusqu'à la première « guerre juive » (66-70). Elles sont en effet d'autant plus inquiètes que de nombreuses prophéties bibliques prennent effectivement leur sens à la lumière du « *relèvement d'entre les morts* »[18] du messie, un messie qui aurait d'abord été « *rejeté par les chefs du peuple* »[19]. L'institution pharisienne s'inquiète également, ayant joué un rôle important dans ce rejet. Car alors, ce pouvoir religieux, déjà considéré comme frauduleux par beaucoup, n'aurait **plus aucune légitimité** parmi les Hébreux.

Les disciples de Jésus n'ont pourtant pas appelé aux hostilités contre les autorités du temple. Ni Pierre ni les autres apôtres n'appellent à la vengeance contre ceux qui ont comploté et organisé la mort de Jésus. Pas plus qu'ils ne prônaient un quelconque soulèvement politique. Leurs témoignages indiquent au contraire qu'ils appelaient alors à la conversion des cœurs et des intelligences. « *Vous avez refusé le Saint et le Juste* (...) *Le Prince de la vie que vous aviez fait mourir, Dieu l'a relevé des morts, nous en sommes les témoins* (...) *Vous avez agi dans l'ignorance, tout comme vos chefs* (...) *Convertissez-*

---

[17] Selon Matthieu 28,12-14
[18] Psaume 22,2 et 8 et 9, Isaïe 53,3-7
[19] Psaume 118, 22-23

vous ! »[20]. Et même devant les commanditaires de son meurtre, ils disent simplement : « *Le Dieu de nos pères a relevé Jésus que vous aviez exécuté en le pendant au bois. Dieu l'a exalté par sa droite comme Prince et Sauveur, pour donner à Israël la conversion et le pardon des péchés* »[21]. Mais la plupart des tenants du pouvoir refuseront de reconnaître leur erreur, craignant pour leur autorité politique et religieuse. Ils répondront par la haine au message transmis par les apôtres, tandis que de plus en plus d'Hébreux vont y adhérer. Ces derniers forment peu à peu une **communauté nouvelle**. Ils s'appelleront ou seront appelés « messiens » c'est-à-dire disciples du messie (en araméen : « mshyiayè » – en français : « chrétiens », d'après le terme grec « christos » traduisant l'hébreu « mashyah », « messie »).

À Jérusalem, cette communauté se rassemble sous l'autorité de Jacques cousin de Jésus[22], et cela d'autant plus que les autres apôtres sont amenés à s'éloigner de Jérusalem à partir de l'an 37, à cause des persécutions lancées par le pouvoir du temple (l'autre Jacques, frère de sang de Jean, y sera assassiné vers 41). Entre-temps, il semble que, par ses accointances à Rome, ce pouvoir politico-religieux avait réussi déjà à convaincre le sénat romain de déclarer illicite la communauté chrétienne[23]. La dispersion des apôtres va rendre nécessaire une fixation par écrit du canevas de leur enseignement oral tel qu'il était récité par cœur à Jérusalem en fonction du calendrier et des fêtes religieuses juives. C'est l'apôtre Matthieu qui en est chargé – ce canevas liturgique sera appelé

[20] Actes 3,14-19 (« Discours de Pierre au peuple »)
[21] Actes 5,30-31 (« Comparution de Pierre et Jean devant le Sanhédrin »)
[22] Jacques le Mineur ou Jacques le Juste dans la tradition chrétienne ; sa généalogie est aisée à établir malgré la polémique qui a voulu en faire un frère de sang de Jésus, selon la terminologie de Flavius Josèphe et du Nouveau Testament : le terme de « frère » ou « sœur » englobe en effet un cousinage large dans les langues sémitiques.
[23] Un senatus consultus de l'an 35 déclare le christianisme « superstitio illicita », un décret qui ne sera levé qu'en 313 par l'empereur Constantin. Voir l'article d'Ilaria Ramelli : http://www.eecho.fr/christianisme-supertitio-illicita-a-rome

plus tard « **l'évangile selon Matthieu** »[24] . La dispersion sera également l'occasion pour les apôtres de visiter les communautés chrétiennes naissantes au sein de la diaspora juive, d'en susciter de nouvelles au long de leurs périples, et de les organiser – des vestiges archéologiques témoignent d'une organisation assez remarquable, jusqu'en Chine[25]. Les différentes communautés hébraïques qui, à travers le monde, adhèrent à la « *bonne nouvelle* » (tel est le sens du mot évangile) répercutent celle-ci autour d'elles parmi les populations locales ; ainsi, peu à peu, les non-juifs vont s'agréger de plus en plus nombreux aux Juifs chrétiens. La « Grande Eglise de l'Orient » (de langue araméenne) aura cependant toujours à cœur de conserver ses racines juives.

Si le message des apôtres a pu bénéficier de la présence et de l'accueil des communautés juives dans les villes commerçantes du monde d'alors (la considérable diaspora), il a surtout tenu sa force de la réponse nouvelle et radicale qu'il apportait à la **question du mal**, comme en témoignent les premiers écrits chrétiens. Selon la tradition biblique, l'être humain créé par Dieu ne devait pas mourir, mais en choisissant de faire le mal, il aurait appelé sur lui la corruption et la mort. « *Par la faute d'un seul* [Adam], *la mort a régné* », comme le résume l'ancien pharisien Paul[26]. Si Jésus est l'intermédiaire entre Dieu et les hommes, alors, du fait que, « se relevant d'entre les morts », il a ouvert le chemin qui mène à une vie après la mort, il « *délivre ceux qui, par crainte de la mort, passaient toute leur vie dans une situation*

[24] Pendant longtemps, dans la liturgie chrétienne, l'évangile selon Matthieu restera l'évangile de référence. Sa transcription en grec est à situer vers l'an 42 (probablement aussi en latin). L'idée de la primauté du Matthieu grec sur l'évangile araméen – qui continue d'être lu et transmis tel quel dans les Eglises chaldéennes et assyriennes (la « Peshitta ») – est typiquement occidentale. Elle contredit les indications fournies par les écrivains ecclésiastiques anciens et elle ne résiste pas à la simple comparaison de ces deux versions.

[25] Voir par exemple la présentation de la frise de Kong Wang Shan au port de Lianyungang : http://www.eecho.fr/frise-kong-wang-shan-dessin ; il existe quantité d'autres vestiges à cet endroit et ailleurs.

[26] Epitre aux Romains - 5,17

d'esclaves »[27]. Même dans le devenir de l'humanité entière, la mort, le pire de tous les maux que l'homme doit subir, et la corruption, sont potentiellement vaincues[28]. Cette réponse à la question du mal ouvre des horizons nouveaux tant pour l'existence personnelle que pour le destin collectif de l'humanité.

Ces perspectives remuent les profondeurs de l'être humain et possèdent une puissance qui n'a pas laissé indifférents certains accapareurs décidés à l'employer à leur propre profit. Leurs contrefaçons du message des apôtres tiendront en ceci : le sauveur du monde n'est plus Jésus, mais eux-mêmes. Elles s'organiseront autour des **courants gnostiques et messianistes**. Ces phénomènes post-chrétiens vont avoir une influence capitale dans l'histoire, et particulièrement dans l'apparition de l'islam, comme nous allons le voir par la suite.

Mais avant d'en arriver là, une série d'événements dramatiques va marquer les esprits. Arrivé au pouvoir en Judée en 40, Hérode Agrippa 1er se targuera d'être le « Roi-Messie », mais mourra misérablement en 44 après avoir fait assassiner l'apôtre Jacques, frère de Jean. C'est probablement lui qui avait fait installer des inscriptions en trois langues sur le parvis du Temple, disant : « *Jésus, qui n'a pas régné, crucifié par les Juifs pour avoir prédit la destruction de la ville et la ruine du Temple* »[29]. On y comprend que la question de la royauté donnée par Dieu à la descendance de David est encore centrale, face à des pouvoirs juifs jugés illégitimes qui veulent être tenus pour sacrés par le peuple. De fait, le message des apôtres détourne d'eux le peuple hébreu. De plus, des Grecs, des Romains, des païens, des non-Juifs se

---

[27] Epitre aux Hébreux - 2,15

[28] 1ère épitre aux Corinthiens - 15,26

[29] Ilaria Ramelli, « Jesus, James the Just, a Gate and an Epigraph: Reflections on Josepus, Mara, the NT, Hegesippus and Origen », cité dans cet article : http://www.eecho.fr/porte-de-jesus-et-destruction-du-temple Les prédictions de Jésus de la destruction à venir du temple (Mt 24,1-2) ne s'étaient alors pas encore réalisées.

convertissent en nombre à la foi chrétienne, et donc en viennent presque à être admis comme Juifs par les judéochrétiens dans leur communauté nouvelle, au mépris des règles sévères de séparation du juif et du non-juif. La tension monte à Jérusalem ... En 62 meurt le procurateur romain. Profitant de la vacance du pouvoir chez l'occupant, le grand-prêtre du temple fait assassiner Jacques, l'évêque de Jérusalem, après un simulacre de procès devant le sanhédrin (le tribunal suprême de la Loi Juive) : précipité d'une haute tour, il est lapidé et battu à mort[30]. Le nouveau procurateur romain destitue ce grand-prêtre pour ce qu'il considère comme une faute très grave : Jacques, surnommé « le Juste », était considéré par tous comme la figure exemplaire de l'homme religieux. Après sa mort, plus rien ne retient le **déploiement des mouvements politico-religieux** et les délires messianistes. Simon, le nouvel évêque de Jérusalem (un autre cousin de Jésus) ne peut qu'assister impuissant à la dégradation de la situation dans tout le pays.

[30] Relaté dans les Antiquités Juives de Flavius Josephe

La destruction du temple de Jérusalem

L'idée d'un royaume juif auquel Dieu donnerait la victoire et la domination sur le monde entier fait son chemin, tandis que des groupes séditieux, soutenus par l'or des autorités du temple, s'opposent de plus en plus aux Romains. L'effervescence politico-religieuse conduit à l'embrasement. En 66 débute la Grande Révolte, la **première « guerre juive »**. Elle va appeler une répression terrible de l'occupant romain. Les légions commandées par Titus, fils de l'empereur Vespasien (et futur empereur lui même) vont réduire peu à peu les opposants, et bientôt, en 68, elles mettent le siège autour de Jérusalem. Les Romains ayant demandé aux Juifs qui ne soutiennent pas l'insurrection de se retirer du théâtre des opérations, tous les Juifs chrétiens vont alors quitter la ville, en se souvenant des paroles de Jésus : « *Quand vous verrez Jérusalem encerclée par des armées…* »[31] . À partir d'avril 70, les légions commencent à reprendre la ville aux insurgés, plus désunis que jamais (les plus fanatiques se battront même entre eux, comme le font les jihadistes d'aujourd'hui). En août, les derniers illuminés se retranchent autour du temple, qui prend feu (par accident, selon Flavius Josèphe). La défaite est consommée, hormis l'épisode de la place forte de Massada, prise 3 ans plus tard.

Peu après la reprise en main de la ville par les Romains, les judéochrétiens y reviennent, ainsi que les habitants qui n'avaient pas pris part à la guerre et avaient quitté Jérusalem à temps. La vie y reprend, la ville n'ayant pas été trop abîmée. Mais le temple, le lieu de la présence de Dieu, de son culte et des sacrifices a été détruit et mis à sac. Et parce qu'il était devenu un symbole du nationalisme juif, les Romains ne veulent pas qu'il soit rebâti. Les royaumes et gouvernorats d'Israël perdent toute autonomie politique et deviennent la province impériale de Judée. La perte du temple en particulier

[31] Luc 21,20

représente le **cataclysme des cataclysmes** aux yeux des Juifs non chrétiens. Ils la pleurent aujourd'hui encore (célébration du Tisha Beav), notamment devant le Mur des Lamentations. Cette catastrophe saisit et transforme les différents courants religieux qui s'opposaient depuis la prédication de Jésus et de ses apôtres.

Que devient le **christianisme** ? Aux yeux des chrétiens, cette perte a amené à tourner définitivement la page du lieu ancien de la présence de Dieu. « L'alliance nouvelle » voulue par Jésus et prédite par les prophètes doit s'étendre à l'humanité entière. Dans cette alliance ouverte désormais à tous, les Juifs chrétiens ont un rôle spécial à y jouer, en tant qu'ossature de ce nouveau « corps ». Ils ne sont plus séparés des autres par les impitoyables lois de pureté et d'impureté. Ainsi, les Eglises fondées par les apôtres à Rome, dans tout l'Orient et dans le monde, se développent-elles dans la continuité et l'accomplissement de l'Israël historique – telle est la conviction de toutes les communautés ecclésiales apostoliques.

Que deviennent les **Juifs non chrétiens** ? Alors que le rêve national a été écrasé par la puissance romaine, ils se retrouvent ébranlés dans leurs espérances, privés de temple et de culte, privés de grand-prêtre et de toute la caste des prêtres, massacrée ou en fuite, et interpellés au plus profond par l'adhésion au message chrétien de très nombreux Juifs. Il ne leur reste que les textes sacrés, l'application de la « Loi » et les liturgies hebdomadaires en petits groupes ... ou alors à s'investir dans de nouveaux projets politico-religieux délirants et plus radicaux encore : un second affrontement avec les Romains va éclater en Judée en 132, après une succession d'émeutes et de révoltes en 115-117 (guerre de Kitos), nourries par la diaspora de l'empire Parthe puis dans tout l'Orient. Le messianisme de cette seconde guerre judéo-romaine est encore plus affirmé que celui qui a mené à la destruction du temple 62 ans plus tôt : Bar Kochba, son instigateur et chef est considéré comme le « vrai messie » par ses partisans juifs, celui qui restaurera un Etat juif en Judée et rétablira le temple. Elle montre un caractère anti-judéochrétien plus marqué encore, puisque Bar Kochba ira jusqu'à crucifier des chrétiens. Cette « deuxième guerre juive », financée par les Parthes, sera encore plus meurtrière que la première et ses conséquences seront terribles : elle conduira au ravage de la terre sacrée d'Israël du fait de la tactique de terre brûlée employée par les Romains et à l'expulsion définitive des Juifs de Jérusalem qui sera rasée en 135 (et reconstruite à la romaine, un temple dédié à Jupiter s'élevant alors à la place de l'ancien temple). Jérusalem est alors interdite aux Juifs sous peine de mort. Face à cela, les Juifs non chrétiens se polarisent peu à peu autour de deux groupes.

Le premier et le plus important est celui du courant pharisien, qui se réorganise à Yavneh à partir de la fin du premier siècle, puis à Babylone dans le monde parthe après la « deuxième guerre juive ». Privé de son culte, il accepte de façon plus ou moins résignée la fin de la religion du temple et des prêtres ; à sa place, ce sera celle des synagogues et des rabbins. Il se centre totalement sur la « Loi » et ses commentaires : c'est la **réforme du judaïsme rabbinique**. Le christianisme est très sévèrement condamné, la figure du rabbi Jésus est vilipendée ; son interprétation des textes anciens est refusée. Ce courant ira jusqu'à instaurer des prières quotidiennes de malédiction anti-judéochrétienne. Au nom d'une loi orale ou « Torah orale », les interprétations anciennes des écritures saintes sont conservées ou changées selon les cas, ce qui va donner naissance d'abord à la Mishna, puis aux Talmuds dits de Jérusalem et de Babylone, qui sont des commentaires de cette Mishna. Ils seront mis par écrit respectivement au cours des 4e et 5e siècles et rejoindront la Torah et les autres livres au titre des écritures sacrées, en leur accaparant même la préséance (en les « recouvrant » - nous verrons par la suite combien ce détail aura de l'importance).

Un autre groupe juif moins connu se centrera autour des familles sacerdotales qui, ne soutenant pas la première guerre juive, s'étaient repliées auprès des communautés juives de Crimée. Si le lien entre ce groupe et le futur **royaume khazar** (centré sur la Volga, au sud de la Russie actuelle) est très discuté[32], il est surtout un sujet délicat du fait que ce courant a longtemps rejeté les Talmuds. La Khazarie deviendra un empire qui durera jusqu'au 13e siècle, regroupant divers peuples dont les Khazars, d'origine mongole ; mais cet empire sera dirigé par des familles juives, ce qui explique l'adhésion de nombreux Khazars à son judaïsme officiel. La « conversion » des rois khazars au 7e siècle à un judaïsme non talmudique sorti de nulle part est une légende tardive destinée à occulter une réalité gênante : ces Khazars seraient essentiellement les ancêtres des Juifs ashkénazes (dont beaucoup sont aujourd'hui en Israël). Laissons ces débats hypersensibles et retenons que l'habitude qui consiste à parler du judaïsme comme d'une réalité homogène au long de l'histoire du peuple hébreu, avant, pendant et après le temps de Jésus, et comme d'une réalité extérieure au christianisme, est une insulte à l'histoire.

Judaïsme(s) et christianisme ne sont cependant pas les seuls courants ayant émergé dans l'histoire concomitamment à ces événements. Suite à la prédication de Jésus et de ses apôtres, aux morts et destructions liés aux guerres juives des **phénomènes post-chrétiens** vont se structurer et contrefaire systématiquement le message apostolique pour s'en accaparer la force et en tirer des bénéfices.

---

[32] La parution du livre de Shlomo Sand *Comment le peuple juif a été inventé* (2008) a ainsi donné lieu à un débat nourri.

Les phénomènes post-chrétiens

Revenons un peu en arrière. Nous avons vu combien le message apporté par les apôtres remuait profondément l'être humain. Il fera bientôt l'objet de convoitises, spécialement après la destruction du temple, période où la quête de sens n'a jamais été aussi forte. L'image du « sauveur », le « *Messie Jésus* »[33] est récupérée et contrefaite : le sauveur de l'humanité ne sera plus lui, mais ceux qui prétendent l'être en son nom, si ce n'est à sa place. C'est là un trait majeur des phénomènes post-chrétiens que de toujours prétendre posséder la véritable interprétation du message chrétien (que les chrétiens auraient corrompue à la suite des apôtres). Deux mouvements post-chrétiens se sont façonnés ainsi vers la fin du premier siècle. Le second nous intéressera tout particulièrement, mais il convient de dire un mot du premier.

Ce premier est constitué des **courants gnostiques**, qu'on désigne souvent sous le terme générique de gnose (terme signifiant simplement la « connaissance » en grec, mais auquel les apologistes chrétiens grecs ont attaché le sens de contrefaçon de la foi). Selon l'évêque de Lyon Irénée († 202), ils ont une origine unique dans le dévoiement du message chrétien. En tout cas, ils recherchent tous des formes d'**autoréalisation personnelle** : je suis mon propre sauveur. Dans ce schéma, Jésus est celui qui a ouvert la voie, il n'est plus qu'un devancier. L'attrait de la gnose tient à ce qu'elle promet l'accès au divin de manière directe, en dehors de l'histoire et de l'histoire d'un peuple en particulier. Jésus n'a-t-il pas promis à ses fidèles de les remplir chacun d'un esprit divin, un esprit de liberté, « l'Esprit Saint » ? Des phénomènes étonnants n'apparaissent-ils pas parfois au milieu des assemblées chrétiennes ? Cette volonté d'accaparer le divin va se décliner en de nombreux mouvements rivaux, parfois centrés sur des systèmes de pseudo connaissances, parfois

---

[33] Une expression que l'on retrouvera onze fois dans le Coran.

centrés sur des pratiques magiques, mais exaltant toujours la liberté comme un absolu (la licence sexuelle étant souvent prônée comme une manière de s'auto-réaliser). Au point de vue de l'organisation, ces courants sont multiformes, allant d'une structure fondée sur quelques « gourous » imitant l'organisation chrétienne à des phénomènes de pensée idéologiques[34] très construits.

L'autre grande dérive post-chrétienne est le **messianisme global** : il s'agit de la volonté d'établir dès maintenant sur terre, ou dès demain, un salut collectif général. Cette volonté prendra au cours de l'histoire plusieurs formes[35], depuis l'idée première de vouloir **établir le Royaume de Dieu sur la terre entière** qui avait germé lorsque certains ont voulu s'accaparer les idées nouvelles prêchées par Jésus et ses apôtres. Quels que soient ses avatars concrets, cette volonté se justifie toujours par la prétention de détenir une révélation ou un programme, clef d'un avenir radieux et « clef de l'histoire ». Si cette dérive s'inspire de la possibilité d'un salut collectif prêché par les apôtres, elle s'inscrit totalement en rupture avec eux : ceux-ci n'ont pas avancé de recette politique pour établir un monde parfait sur la terre. Et si Jésus a laissé entrevoir un salut collectif, il le met toujours en rapport avec l'annonce de son propre retour, sa venue dans la gloire (au « *Jour du Jugement* »). Ceux qui croient en lui sont engagés à préparer ce retour, et, si leur action en ce monde peut porter des fruits de paix et de progrès, il ne s'agit cependant jamais que de préfigurations d'un royaume à venir,

[34] Notre société de consommation en est toujours fortement imprégnée : esprit d'individualisme et d'élitisme, mépris pour les générations futures et le monde, centrement sur soi-même.

[35] Le nationalisme Juif qui a mené aux guerres judéo-romaines l'a préfiguré sans en embrasser encore toutes les caractéristiques (il lui manquait la dimension de « clef de l'histoire »). De nombreux messianismes se développeront après lui tout au long de l'histoire : par exemple les mouvements anabaptistes du 16e siècle, les millénarismes, le messianisme des « pilgrim fathers » américains, les « Lumières », le messianisme républicain de la Révolution Française, le projet « d'Amérique-Monde », le communisme et ses avatars, le nazisme, l'idéologie du progrès et le scientisme, le mondialisme, et, nous allons le voir, l'**islam**.

c'est-à-dire d'esquisses imparfaites et souvent éphémères d'une société à venir délivrée de l'emprise du mal. Pour les apôtres, et à leur suite pour les chrétiens, seul Dieu peut libérer du mal, pas l'homme, fût-il animé des meilleures intentions du monde. Encore faut-il accepter de faire confiance à Dieu et d'attendre l'accomplissement du temps actuel. C'est ce que refusent les messianistes : pas question d'attendre un hypothétique salut, il faut le construire ici et tout de suite.

Le mouvement messianiste initial nait dans l'entourage des premières communautés judéochrétiennes, où certains, ayant reconnu Jésus comme le messie attendu par le peuple hébreu, n'ont pas accepté qu'il puisse se faire serviteur et mourir crucifié. Au contraire, ils n'ont jamais voulu renoncer à leurs interprétations des prophéties bibliques, escomptant que le messie se fasse roi, libère Israël de l'occupant romain et l'établisse au dessus des nations. Dans une vision du monde où le mal est assimilé au non respect de la loi juive, à l'impur, au non-juif, le dévoiement de l'idée de salut va assimiler la libération du mal à celle des impurs. Dans la même logique, la suprématie espérée pour Israël et promise par Dieu va être peu à peu dévoyée en un **programme politico-religieux d'éradication des méchants**, réalisé par Dieu lui même, par son messie, voire par ceux qui le feront en son nom[36].

L'épisode de la **destruction du temple de Jérusalem** va jouer un rôle décisif dans la formation de ce mouvement messianiste. Il va travailler la foi de certains judéochrétiens, témoins de ces événements et frustrés de ne pas assister alors au retour annoncé du « *Messie Jésus* ». Il avait en effet prédit

---

[36] C'est ce qui ressort, entre autres, de l'analyse des manuscrits de la Mer Morte proposée par Edouard-Marie Gallez (*Le Messie et Son Prophète*) : certains textes messianiques ont été retrouvés dans différentes versions, manifestant un travail de réécriture qui témoigne de l'apparition du développement du courant messianiste.

qu'il « *relèverait le temple* »[37] : pourquoi le « *Jour du Jugement* » ne vient-il pas alors que les conditions en semblent toutes remplies ? Assurément, le temple a bel et bien été détruit, et les autorités du temple en ont été écartées. Les Romains ont en effet châtié les révoltés (notamment les zélotes) et les autorités du temple, qui s'étaient servi de Dieu à leurs fins et qui avaient tué le « *Messie Jésus* », Jacques le Juste et d'autres. Ces questions travaillent très fortement certains judéochrétiens et certains Juifs gravitant dans leur orbite ; les réponses qu'ils leur trouvent vont alimenter leur messianisme et contribuer à façonner leur programme politico-religieux.

Parmi les Hébreux de Jérusalem, certains ont péri dans la première guerre juive, mais de nombreux autres ont pu s'échapper. En 68-69, souvenons nous que les Romains avaient en effet laissé les Juifs non combattants quitter Jérusalem, avant d'en faire le siège. Et parmi ces derniers, nous retrouvons les judéochrétiens, sans doute conduits par l'évêque Simon - et avec eux, à leurs côtés, des messianistes issus du creuset judéochrétien de Jérusalem[38]. Ils partent ensemble en exil au nord, vers le plateau du Golan, en Syrie. La destruction du temple en 70 semble opérer un tri dans leurs rangs : après celle-ci, les Juifs « vraiment chrétiens », reviendront s'établir à Jérusalem, en Judée, et ailleurs. Mais certains irréductibles le refuseront et se sépareront à ce moment de la communauté chrétienne, en restant en exil et en y consommant leur rupture radicale du judéo-christianisme. Leur espérance du « *Jour du Jugement* » va se déployer en prenant une forme dramatique et même monstrueuse.

---

[37] « *Détruisez ce temple, et en 3 jours, je le relèverai* » - formule que l'on retrouve quasiment à l'identique chez Marc 14,58, Matthieu 26,61 et Jean 2,19 – Jean indique juste après que le temple que Jésus entendait relever était son propre corps (la résurrection), comme le professent les chrétiens. Cette précision que l'on ne retrouve pas dans les autres évangiles (Matthieu et Marc, précités) indique très clairement qu'existait alors une attente de la reconstruction physique du temple par Jésus lui-même, revenant sur terre pour cela.

[38] Selon les écrits historiques d'Eusèbe de Césarée et d'Epiphane de Salamine

Contre l'enseignement des apôtres (ils n'étaient même pas encore tous morts en ce temps là), ils se sont mis à imaginer un programme de salut du monde entier, à réaliser dans une perspective politico-religieuse - et donc une perspective guerrière. Un programme centré sur le « *relèvement du temple* » dont ils vont alors s'attribuer la responsabilité, à la place de ce qu'ils imaginaient être le rôle du « *Messie Jésus* ». Ces premiers « croyants » en une foi messianiste plénière furent ces ex-judéochrétiens qui ne revinrent pas en Judée après 70, qui se détournèrent de la foi des apôtres et qui se bâtirent leur propre vision du salut : dans cette vision, ils prenaient la place du « Sauveur » et se voyaient appelés à sauver et dominer le monde en en éradiquant les méchants. Ce sont les **judéonazaréens**.

Qui sont les judéonazaréens ?

Les travaux historiques ont apporté une connaissance[39] toujours plus fine de ce groupe si important par l'influence qu'il aura dès la fin du premier siècle, dans des milieux et sous des formes très diverses. Groupe ethniquement juif (et de langue araméenne, comme les Hébreux), il s'est accaparé l'appellation de « nazaréen » (donc « judéonazaréen »). Ce nom avait été donné premièrement à Jésus lui- même selon ce qui se trouvait écrit au sommet de la croix (le titulus crucis), puis, durant très peu de temps, à ses disciples. En tant qu'il désigne ensuite un ou des groupes hébreux séparés des judéochrétiens, cette dénomination devint assez floue sous la plume des auteurs occidentaux antiques ; une désignation plus précise a été rendue nécessaire, celle de « judéonazaréens », ayant pour elle de rappeler l'origine lointainement judéenne de ce groupe. Il s'agit donc de Juifs messianistes, adeptes dévoyés des apôtres de Jésus, et qui n'ont vu dans la révélation judéochrétienne que le moyen de réaliser un rêve politico-religieux. Au fil de leur exil en Syrie, leur doctrine religieuse va se développer, se singulariser et finir par déclencher une cascade d'événements qui changeront la face du monde.

Cette doctrine religieuse procédait d'un système élaboré de justification : les judéonazaréens se considèrent comme les **vrais Juifs** et comme les seuls vrais disciples de Jésus. En tant que Juifs, ils conservent scrupuleusement les coutumes et la loi ancestrale articulées dans la révérence aux écritures saintes, à la Torah. Ils conservent aussi la vénération du

[39] Toujours selon les écrits historiques d'Eusèbe et d'Epiphane, et aussi par l'étude des autres Pères de l'Eglise ayant réfuté les hérésies (Tertullien, Origène, St Jérôme, Théodoret de Cyr), par l'étude des textes de la mouvance messianiste juive et par les recherches archéologiques récentes (fouilles de Farj et Er-Ramthaniyyé, dans l'est du Golan). Ces travaux de caractérisation et de redécouverte des judéonazaréens occupent une part importante de la thèse d'Edouard-Marie Gallez (*Le Messie et son Prophète*), qui a notamment développé les découvertes de Ray A. Pritz (*Nazarene Jewish Christianity*).

temple, bien que détruit pour le moment, la vénération de la terre promise et du peuple « ethnique » juif, du peuple élu par Dieu. Cette élection se ramène cependant à eux seuls, car ils se voient comme les véritables Juifs, dans la continuité de ce qu'ils sont « ethniquement », mais en s'inscrivant en opposition par rapport au mouvement pharisien qui donnera la réforme rabbinique que nous avons mentionnée. En effet, contrairement aux autres, ils ont reconnu en Jésus le messie annoncé par les écritures, venu pour libérer la terre sainte, rétablir la royauté, rétablir la vraie foi (en chassant les autorités juives corrompues par le truchement des Romains) et le vrai culte du temple (ce que Jésus n'avait pu faire), bref, libérer et sauver le monde. Injustement condamné, il n'a pas été exécuté car il a été heureusement enlevé par Dieu vers le « Ciel » d'où il reviendra prendre la tête des armées le moment venu pour conclure sa mission. Ainsi adviendra la « royauté de Dieu sur la terre ». Ils veulent voir la preuve de la vérité de leur croyance et de la justesse de leurs reproches aux « Juifs infidèles » dans l'échec des folies insurrectionnelles successives contre les Romains et la destruction du temple de Jérusalem : Dieu a désavoué et châtié tous ces faux Juifs !

Ils se considèrent aussi comme les **vrais chrétiens** face à tous ceux qui ont suivi les apôtres, en refusant de croire que Jésus a pu mourir crucifié (et ressusciter) et donc que la présence divine est vraiment en lui. Ils croient quant à eux que Jésus a été enlevé par Dieu, et attendent son retour. Cette réinterprétation du témoignage des apôtres nie donc que Jésus se soit « *relevé d'entre les morts* » (ce qui contredirait la prédiction de Jésus dans laquelle les judéonazaréens veulent croire à l'annonce d'une reconstruction physique du temple – cf. note 37). Ils accusent donc les judéochrétiens de s'être trompés, de s'être dévoyés. Ils disposaient pourtant du témoignage des apôtres : le recoupement des sources indique

que l'évangile de leur liturgie était l'évangile de Matthieu[40], en araméen bien sûr (comme celui des judéochrétiens et de l'Eglise de l'Orient assyro-chaldéenne jusqu'à nos jours). Ils lui ont toutefois fait subir les retouches propres à fonder leur doctrine. Car bien entendu, ni dans cet évangile tel qu'il a été conservé par les judéochrétiens, ni dans les trois autres, n'est attendu un messie qui reviendrait « terminer le travail » qu'il n'avait pas pu mener à bien à cause de l'opposition du pouvoir religieux du temple : à savoir reconstruire le temple, prendre la tête des armées constituées par les vrais croyants, les élus, pour vaincre les forces du mal et établir définitivement le royaume de justice et de félicité sur la terre.

Ce dont témoigne le Nouveau Testament, dont font partie les quatre évangiles, c'est l'espérance des apôtres en une « venue glorieuse » de Jésus. Il ne s'agit justement pas d'une venue sur terre mais au-dessus et partout, de manière à être vue par tous. Les circonstances d'un tel événement sont plutôt difficiles à imaginer, mais le rapport avec un « jugement » apparaît évident : dans la perspective des apôtres, la confrontation à cette vision impossible à nier amènera chacun à prendre position, et dès lors à être jugé par le « juste juge » qu'est Jésus. Bien entendu, les judéonazaréens nient fondamentalement la dimension divine de Jésus. Ils accusent les judéochrétiens d'avoir « associé » à Dieu un Fils et un Esprit Saint. Au contraire, ils affirment : « ***Je témoigne de ce que Dieu est un et il n'y a pas de dieu excepté lui*** »[41] ! La distance est donc énorme entre ce que les apôtres ont enseigné et la contrefaçon messianiste que les judéonazaréens en ont faite. Et il apparait déjà une certaine

[40] Les Pères de l'Eglise le mentionnent comme *Evangile des Nazaréens*, ou *Evangile selon les Hébreux* ; Théodoret de Cyr, notamment, l'a identifié comme l'*Evangile de Matthieu*, altéré par sa conservation en milieu judéonazaréen.

[41] Texte du 2d siècle extrait des *Homélies Pseudoclémentines* (16, 7.9), qui est mis dans la bouche de l'apôtre Pierre. On retrouve les mêmes types de profession de foi gravés sur des linteaux de portes très anciens, en Syrie, aux 3e et 4e siècles.

parenté entre cette contrefaçon et ce qu'affirmera la profession de foi musulmane[42] ...

Vrais Juifs et vrais chrétiens, les judéonazaréens renvoient ainsi très habilement dos à dos les Juifs rabbiniques et les chrétiens, en se plaçant au dessus d'eux. Vrais Juifs et vrais chrétiens, ils se considèrent comme les héritiers uniques et véritables d'Abraham, les « purs ». Leur installation en Syrie, sur le plateau du Golan, puis par la suite jusqu'au Nord d'Alep - toujours à l'écart des païens et des impurs - est vécue comme une forme de nouvel exode au désert. A l'image du peuple hébreu sortant d'Egypte et conduit par Moïse, il s'agit d'un temps de purification et de préparation. Le vin sera ainsi interdit à tous les consacrés à Dieu jusqu'au jour du retour du Messie. Leurs « messes » seront célébrées par leurs prêtres avec de l'eau à la place du vin. C'est ainsi que Clément d'Alexandrie s'en prend au 3e siècle aux « *hérétiques qui utilisent le pain et l'eau dans l'oblation, en dehors de la règle de l'Eglise. Car il en est qui célèbrent l'eucharistie avec de l'eau pure* » (Stromates, I, 96).

Se purifier soi-même n'est qu'un préalable dans le projet des judéonazaréens de purifier le monde pour le sauver de son mal et de son injustice. Leur « recette du monde parfait sur terre » inclut la reconquête et la purification de la terre sacrée (Israël), de la ville sacrée (Jérusalem), pour que les purs puissent accéder aux lieux saints, rebâtir le temple saint et y réaliser les rites et sacrifices dans les conditions de pureté requises. C'est comme cela que sera alors **provoqué le retour du messie**. Et avec le messie à leur tête, les judéonazaréens sauveront le monde de son mal, de son injustice, contre lui-même s'il le faut. Dans cette vision, on voit que s'affrontent deux parties de l'humanité : celle qui travaille au salut et celle qui s'y oppose. Les purs et les impurs. A l'aune de cette vision

---

[42] « *Ash-hadou an lâ ilâha ill-Allâh* », « j'atteste qu'il n'y a pas d'autre dieu qu'Allah », première partie de la profession de foi musulmane.

idéologique, de cette **surréalité**, la morale se transforme : est jugé bon, juste, vrai, noble tout ce qui contribue au projet ; est jugé mauvais, exécrable, blâmable, faux, à anéantir tout ce qui y fait obstacle. Est également jugé mauvais tout ce qui dévie du projet. Les femmes, par exemple, considérées comme tentatrices, détourneraient les justes de leur combat. On imagine quel sera donc leur statut et la sujétion qu'il faudra leur imposer[43]. De la même manière, tout mouvement divergeant de la foi pure, toute pensée dissidente sont donc à combattre absolument. Et au-delà, cette conception messianiste du monde nourrit un **système d'autojustification** particulièrement pervers : « *Je suis pur dans un monde impur, de fait il attente à ma pureté et je suis donc sa victime, je dois purifier le monde mais il me résiste - c'est la preuve de son impureté et de ma pureté* ». C'est la caractéristique même de la schizophrénie : refuser la réalité[44], s'enfermer dans un monde imaginaire, refouler le réel, ce qui ne peut qu'aboutir à des délires violents de persécution.

Les judéonazaréens (également nommés ébionites, comme leurs détracteurs chrétiens les ont appelés dans les premiers siècles[45]) observent alors la marche du monde sous l'angle de leur doctrine : avant eux, un **passé de ténèbres** qui a rejeté les messagers de Dieu, demain un **avenir radieux** par le triomphe de la vraie religion, le redressement du temple et le retour sur terre du messie ; et en attendant, un temps présent hostile fait d'ennemis de la foi, de guerres et de conflits dont l'issue ne peut que les conforter dans leur croyance.

---

[43] On le lit très bien dans le document *Les pièges de la femme* retrouvé à Qumrân, parmi les manuscrits de la mer Morte, écrit dans le milieu qui donnera le judéonazaréisme.

[44] C'est cette même **logique de surréalité** (terme inventé par les dissidents soviétiques pour désigner les fantasmes de réalité du socialisme) que l'on retrouvera à l'œuvre dans toutes les idéologies messianistes successives (cf. celles citées en note 35). Elles chercheront toutes à établir un monde parfait que des élus éclairés détenant la « clef de l'Histoire » doivent bâtir en éradiquant le mal et en soumettant l'individu.

[45] Prudence toutefois dans l'usage du terme « ébionites » dont l'acception a évolué au cours du temps pour désigner de façon générique les « hébreux hérétiques » sous la plume des Pères de l'Eglise. Raison de plus pour les identifier sous le nom de judéonazaréens, comme le propose Edouard-Marie Gallez..

Et effectivement, c'est ce qui se passe sous leurs yeux dans l'affrontement des Perses (Parthes) et des Romains. Les Juifs avec la réforme rabbinique ont horrifié les judéonazaréens : avec les talmuds, ils ont osé adjoindre aux écritures sacrées de nouveaux textes écrits de main d'homme. Ils ont osé remanier, dissimuler, recouvrir[46] dans leur réforme certains textes anciens mentionnant le messie ! Après l'expulsion des Juifs par les Romains, même si nombre d'entre eux reviennent s'établir en Judée, leur centre de gravité s'est déplacé vers l'empire perse où ils étaient présents de très longue date. Ils y influencent les Perses dans leur lutte millénaire contre l'empire (gréco-)romain pour le contrôle du Moyen-Orient, au point que les judéonazaréens en viennent à les confondre. Le sanhédrin rabbinique s'est en effet installé en Perse au 3e siècle. Et en face des Perses, voici l'empire romain qui se christianise, qui représente l'hérésie chrétienne aux yeux des judéonazaréens (empire devenu l'empire byzantin après la partition de Dioclétien).

Si les Juifs rabbiniques et les chrétiens, les deux ennemis de leur vraie religion, s'étripent sous leurs yeux dans des guerres incessantes et stériles, c'est bien que Dieu les y conduit. Voilà qui justifie davantage les judéonazaréens. Et par-dessus le marché, pendant toutes ces années, les insurrections juives d'inspiration plus ou moins messianistes se succèdent (révolte de 351-353 en Galilée, sous Gallus César, révolte de 530 conduite par le faux messie Julien) et les tentatives de reconstruction du temple ne cessent d'échouer... Comme celle de 360-362 entreprise par l'empereur Julien l'Apostat qui avait pris les Juifs rabbiniques sous son aile. Elles ne font que conforter les judéonazaréens : **eux seuls pourront libérer la Terre et Jérusalem, eux seuls pourront relever le temple**.

[46] En hébreu biblique, « recouvrir » se traduit par « kfr », la même racine que le verbe arabe « kafara », qui donnera le terme « kafir », (« koufar » au pluriel), c'est-à-dire « recouvreur », terme que la tradition musulmane transformera dans le sens d'infidèle, de mécréant ou d'incroyant comme nous allons le détailler par la suite.

A LA CONQUETE DE JÉRUSALEM

L'endoctrinement des Arabes

Les judéonazaréens se sont lancés dans l'aventure de la conquête de Jérusalem, malgré leur petit nombre. L'Histoire conserve la trace d'une première tentative probable, entre 269 et 272, par l'enrôlement de la reine Zénobie de Palmyre, en Syrie. Son royaume avait su tirer profit des conflits perso-romains, notamment la défaite de l'empereur Valérien devant les Perses en 260. Elle se retrouvait en position de force après avoir battu Gallien, successeur de Valérien, qui souhaitait réduire l'ambitieuse reine de Palmyre. Les chroniques de l'époque nous racontent comment Zénobie avait été endoctrinée par un certain Paul d'Antioche. « ***Judaïsée*** » disent les documents d'alors, selon le terme employé par les Pères de l'Eglise pour dénoncer la propagande ébionite ou judéonazaréenne[47]. Curieux chrétien en effet que ce Paul, évêque déchu, excommunié pour une hérésie toute judéonazaréenne... Et voici Zénobie qui envahit tout le Moyen-Orient, dont la Judée, jusqu'en Egypte, pour finir par être contrecarrée par l'empereur Aurélien. Il la chassera même de Palmyre en 272, l'emmenant à Rome comme captive. Et l'on n'entendra plus parler de cet évêque hérétique, opposé la foi des apôtres.

Cette tentative très probable de contrôle de la « Terre » par les judéonazaréens leur aura montré malgré son échec qu'ils peuvent s'appuyer sur des supplétifs arabes locaux, combattants mobiles fort efficaces contre la lourde armée romaine. Fort efficaces si l'on parvient à les motiver suffisamment, puisqu'il semble bien qu'Aurélien ait réussi à en retourner certains en les soudoyant. Il faudra donc leur

---

[47] Selon les écrits d'Eusèbe de Césarée, Filastre de Brescia, Athanase, Photius ou encore Théodoret de Cyr.

donner des convictions autrement plus profondes, un véritable endoctrinement pour qu'ils puissent constituer des alliés solides. Les judéonazaréens sauront retenir la leçon.

Nous sommes maintenant au 6e siècle. Intéressons nous aux groupes de judéonazaréens établis depuis longtemps en Syrie. Les découvertes archéologiques et les études historiques permettent de localiser leurs foyers d'habitat, comme par exemple l'étude des toponymes de Syrie qui ont conservé la mémoire des anciens habitants judéonazaréens. Des noms encore en usage aujourd'hui comme « Nasiriyé », « Ansariyé », « Wadi an Nasara » (« l'oued des Nasara », c'est-à-dire des Nazaréens) ou encore les « Monts des Nosaïrïs » (Mont des Nazaréens) indiquent leur présence ancienne. Les fouilles archéologiques du village de Farj dans le Golan, révèlent dans son organisation la cohabitation entre des groupes judéonazaréens et des groupes arabes nomades. Pour le commerce, bien sûr, mais aussi pour la prédication et la pratique religieuse. Les judéonazaréens ont ainsi renoncé à leur isolement ethnique car ils ont un plan : **persuader les tribus arabes nomades voisines**[48] **de rentrer dans leur projet messianiste** de reconquête de Jérusalem et de la « terre promise ». Tant pis pour leur « non-judéité », le projet prime, et en ces temps d'affaiblissement de la puissance romaine (désormais de la puissance byzantine), il semble plus que jamais à portée de main.

Ce sera d'autant plus simple que ces tribus christianisées de fraîche date (5e et 6e siècles) n'ont pas encore des convictions très profondes en la matière. Tout juste ont-elles mis fin à leurs coutumes de pillages et de razzias dont les chroniqueurs ont conservé la trace. Les Byzantins s'appuient d'ailleurs sur

---

[48] Nous noterons que les témoignages archéologiques d'écriture arabe antéislamique ont été essentiellement retrouvés en Syrie et en Jordanie (l'Arabie Pétrinienne). Cela a notamment été exposé par A-L de Prémare (*Les Fondations de l'Islam*, p.241) et développé par Robert Kerr dans son article « Aramaisms in the Qur'ān and their Significance ».

elles comme relais pour le contrôle de l'empire[49]. Parmi ces groupes mixtes, l'un en particulier attire l'attention : à 30 km au Nord Est de Lattaquié (aujourd'hui Al Ladiquiyah), on trouvait encore vers 1920 les ruines d'un caravansérail, c'est-à-dire la base d'une tribu de nomades commerçants caravaniers. C'était « Qurays », ou plutôt « Han al Quraysiy », le caravansérail des Qurays, encore mentionné dans la carte de Syrie réalisée en 1927 par René Dussaud sous le nom de Khân el-Qurashiyé (à voir en page suivante), situé au bord de la rivière Nahr al Quraysiy[50]. C'est le point d'ancrage de la tribu de Quraysh, des Qoréchites, dont la présence dans la région est attestée jusqu'à nos jours[51]. Avant de s'installer dans le Nord de la Syrie, ces **Qoréchites** sont signalés plus en Orient par le chroniqueur syrien Narsaï de Nisibe. Il se plaignait en effet dans ses chroniques de 485 des terribles razzias lancées par cette tribu, de leurs pillages et destructions, dont notamment un raid « *plus cruel que la famine* ». Leur christianisation semble les avoir apaisés, et intégrés dans le jeu du commerce de la route de la soie, ce qui explique l'implantation toute proche du port de Lattaquié de leur caravansérail. Mais cette christianisation toute fraîche, au-delà de leur pacification, en a aussi fait un terreau fertile pour le projet d'endoctrinement judéonazaréen.

Comment les judéonazaréens s'y sont pris ? Voici leur thème principal de prédication pour gagner les Arabes à leur cause[52] : « *Nous, judéonazaréens, sommes Juifs, descendants d'Abraham par son fils Isaac. Vous, Arabes, êtes descendants*

---

[49] Selon les travaux de Yehuda Nevo (*Crossroads to Islam*)

[50] « Nahr al Quraysiy » également nommé « Ras Korash ».

[51] Des descendants des Qoréchites vivent toujours aujourd'hui en Syrie. C'est le cas de l'acteur Tayem Hassan, une célébrité syrienne, qui le revendiquait dans une interview à la télévision syrienne (http://youtu.be/InLb88CuFe0?t=9m00s)

[52] Nous verrons en troisième partie comment le Coran conserve encore les traces de cette prédication (page 155)

Syrie en 1927

(D'après René Dussaud, carte extraite du Messie et son Prophète, d'E.M. Gallez)

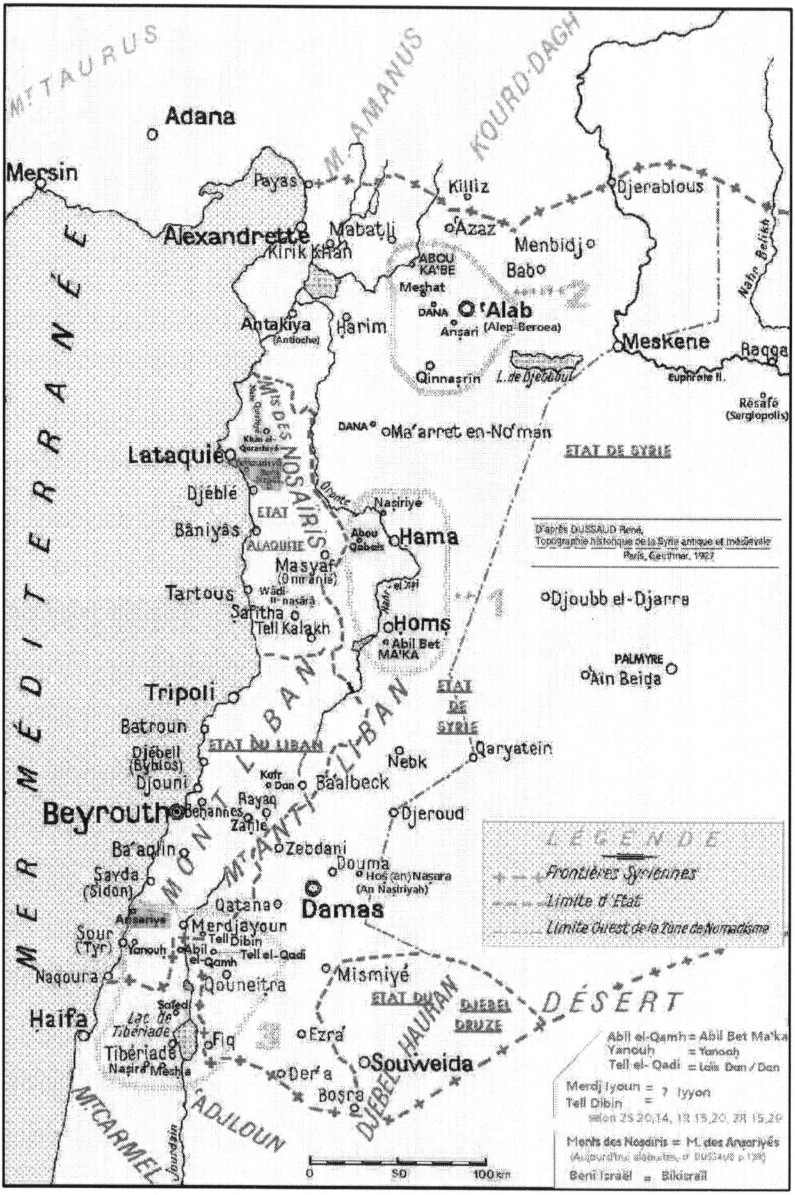

d'Abraham par Ismaël[53]*. Nous partageons donc le même illustre ancêtre, qui se trouve être le fondateur de la vraie religion. Nous sommes cousins, nous sommes frères. Nous formons une même communauté, une même « **oumma** », nous devons donc partager la même vraie religion. Nous devons obéir aux mêmes lois issues des textes sacrés reçus de Moïse, la Torah* (celle conservée au sein du milieu judéonazaréen, ce qui l'a peut-être fait évoluer différemment de celle des Juifs rabbiniques). *Nous devons obéir aux commandements du Messie-Jésus, à l'évangile* (le primo-évangile selon Matthieu, conservé et modifié par les judéonazaréens, comme on l'a vu précédemment). *Nous devons donc porter le même projet de conquête de la terre promise, de Jérusalem et de relèvement du temple*[54]*. Vous, Arabes, devez donc nous faire allégeance, à nous vos cousins par le sang, à nous vos frères aînés dans la vraie religion. Et alors nous vous conduirons, et ensemble nous pourrons sauver le monde, **en faisant revenir Jésus sur terre, qui y éradiquera le mal**, à la tête de nos armées. Et son retour fera de nous, fils d'Isaac, et de vous, fils d'Ismaël, ses élus dans son nouveau royaume, son bras armé.* » Voici une formidable promesse messianiste : faire allégeance aux judéonazaréens, adhérer au projet, c'est devenir soi-même un pur, un élu, en vue d'une rétribution toute terrestre, toute accessible dans le nouveau royaume du messie. Et au passage, sans doute, accumuler le butin[55] au fil des conquêtes qui doivent mener jusqu'à Jérusalem.

A cette fin, les propagandistes judéonazaréens, Juifs de langue syro-araméenne, dont beaucoup connaissent l'hébreu liturgique, ont expliqué leurs textes aux Arabes. Plus encore, ils ont formé des prédicateurs arabes, traduit leurs textes en

---

[53] C'est sans doute à cette fin d'endoctrinement que fut inventée l'histoire de la descendance arabe d'Ismaël, complètement inconnue des juifs jusqu'alors. Le seul écrit « juif » à le mentionner est justement un texte judéonazaréen, *Le Livre des Jubilés*.

[54] Le Coran a conservé cette prédication, par exemple en s95,1-6 ou en s2,127 (nous le détaillerons en page 154) et nous allons voir par la suite comment le coran a été constitué à partir de ces prédications.

[55] Nous retrouverons ces promesses de butin dans le Coran, en s48,20-22 (cf. page 162).

arabe et les leur ont appris. Pour cela, ils ont réalisé pour eux de petits manuels, des florilèges des principaux textes de leur Torah, de leur évangile, de leurs coutumes, de leurs lois, de leurs rites de pureté, de leur circoncision[56] ... Il fallait en effet des aide-mémoire à cette époque où l'enseignement était essentiellement su et transmis par cœur : les aide-mémoires capitaux ont été constitués par des traductions en arabe des **lectionnaires** utilisés par les judéonazaréens eux-mêmes. Un lectionnaire est un livre liturgique qui présente des lectures et commentaires de textes sacrés, comme en ont toujours les chrétiens. Le lectionnaire judéonazaréen présentait donc des extraits de la Bible, ancien et nouveau testament – du moins ce que les judéonazaréens en acceptaient - en fonction du calendrier (samedi, dimanche, jours de fête). En langue syro-araméenne, les chrétiens appelaient ce lectionnaire « qor'ôno » (ce qui se transpose en arabe par « qur'ân », c'est-à-dire « **coran** »). S'est donc constitué un ensemble de prédications diverses et de lectures saintes, certaines bénéficiant d'une mise par écrit comme aide mémoire (nous verrons quelle sera l'importance capitale de ces feuillets aide-mémoire par la suite). Cette propagande visait en particulier la foi chrétienne des Arabes en l'attaquant sous l'accusation d'associationnisme, c'est-à-dire en prétendant que les chrétiens donnent à Dieu des « adjoints » (la trinité)[57].

Abordons maintenant la figure de celui qui sera présenté comme le grand prophète de l'islam, connu comme « le Muhammad », le « béni », **Mahomet**, le chef de guerre des Arabes. L'histoire n'a pas retenu son nom véritable, hormis ce surnom dont nous verrons comment il lui a été donné. On ne sait rien de son année de naissance exacte, il a dû naître à la fin du 6e siècle, au sein de la tribu arabe des Qoréchites, implantée dans la région de Lattaquié. Est-il né chrétien ou

[56] Chez les Juifs, la circoncision était le signe de l'alliance avec Dieu (Abraham fut le premier circoncis, selon la tradition juive). Il en allait de même pour les judéonazaréens.

[57] On trouvera des échos de cette propagande d'alors dans l'article « The Hidden Origins of Islam » d'Edouard Marie Gallez (cf. annexes)

dans une famille déjà endoctrinée par les judéonazaréens, nous ne le savons pas de façon certaine (l'endoctrinement semble avoir débuté vers la fin du 6e siècle). L'histoire musulmane a conservé du milieu propagandiste dans lequel il baigna des figures de religieux judéonazaréens plus ou moins symboliques (Waraqa et Bahira notamment), certains associés à la ville de Bosra, située sur le chemin de Yathrib, la ville du désert d'Arabie, siège d'une importante communauté judéonazaréenne. Bosra est également la ville d'origine d'un Arabe converti au judéonazaréisme, Zayd Ibn Tabit. Les traditions musulmanes disent qu'il a reçu un enseignement « juif » à Yathrib : maîtrisant le syriaque et l'hébreu, il jouera un rôle de lien entre judéonazaréens et arabes.

Fidèle à la tradition qoréchite, le jeune Mahomet est alors marchand, et trouve à s'employer auprès de Khadija, une riche veuve, convertie au judéonazaréisme, si ce n'est judéonazaréenne elle même. Elle est en effet la cousine du prêtre judéonazaréen Waraqa, dont certaines traditions islamiques affirment qu'il les mariera tous deux. Ce dernier, toujours célébré dans la mémoire musulmane, semble avoir joué un rôle éminent auprès de Mahomet. Nous ne savons pas clairement s'il était arabe ou juif ; il pouvait pourtant proclamer au nom des judéonazaréens « ***Nous sommes les Seigneurs des Arabes et leurs guides*** »[58]. Il a pu constituer, encore plus que Zayd, un pont entre les deux communautés : lettré, il pouvait transcrire l'hébreu en arabe[59]. Le mariage avec Khadija semble avoir peu duré –quatre ou cinq années puisqu'il donna quatre enfants à Mahomet (ses quatre filles). Il se retrouve rapidement veuf. riche et disponible pour l'aventure de sa vie.

---

[58] Selon la *sîra* d'Al Halabi.

[59] Selon la *sîra* de Ibn Hicham : « [Waraqa] *était nazaréen ... il était devenu nazaréen et avait suivi les livres et appris des sciences des hommes ... il était excellent connaisseur du nazaréisme. Il a fréquenté les livres des nazaréens, jusqu'à les connaitre comme les gens du Livre* [les Juifs] ». Boukhari écrira de lui « *Le prêtre Waraqa écrivait le Livre Hébreu. Il écrivait de l'Evangile en hébreu ce que Dieu voulait qu'il écrive* ».

La prise ratée de Jérusalem

L'Histoire vient frapper à la porte des Qoréchites et de leurs maîtres judéonazaréens. L'empire perse sassanide et l'empire byzantin sont engagés depuis longtemps dans une lutte sans fin pour la domination du Moyen-Orient. Et voici quelques années que les Perses gagnent du terrain et des batailles. Sentant la faiblesse du pouvoir byzantin et certainement poussés par certains Juifs de Perse animés d'un rêve nationaliste, ils tentent une offensive vers la Palestine. Ils ont notamment recruté pour cela des troupes supplétives, en particulier parmi les tribus arabes de tradition pillarde et mercenaire, et parmi les Juifs désireux de retrouver leur terre.

Leurs armées s'avancent en Syrie. Damas, Apamée et Homs sont conquises en 613. Voilà l'occasion rêvée pour l'oumma judéo-arabe de tenter une prise de pouvoir à Jérusalem. Ajoutons à cela que les chrétiens qui peuplaient la ville (pour l'essentiel) en interdisaient l'entrée aux pèlerinages des Juifs exilés – et donc certainement aussi à ceux des judéonazaréens. Un contingent composite arabe qoréchite et judéonazaréen va s'engager aux côtés des Perses parmi les troupes auxiliaires et partir à la conquête de la « Terre », sous le commandement du général perse Romizanès (surnommé Sharbaraz). La Palestine, principalement habitée de chrétiens (dont de nombreux judéochrétiens), comporte aussi en son sein une minorité de Juifs rabbiniques. Parmi eux, nombreux seront ceux qui en profiteront pour se soulever contre les Byzantins, de mèche avec les Perses et les Juifs babyloniens, facilitant ainsi leur avancée.

En avril 614, Jérusalem est encerclée, et à la faveur d'une nouvelle révolte des Juifs de Jérusalem, la ville tombe aux mains des assiégeants. On assiste alors à des massacres effroyables des populations chrétiennes locales. En les additionnant aux victimes de la bataille, du sac et de la

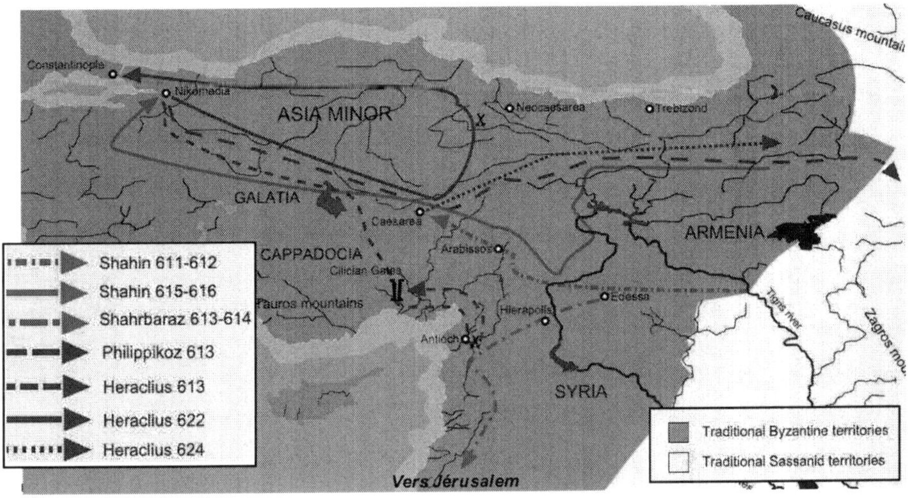

Guerre et campagnes perso-byzantines entre 611 et 624

destruction de la ville, des incendies des églises et des lieux saints chrétiens, on dénombre entre 17 000 et 60 000 victimes selon les sources[60]. Près de 35 000 chrétiens sont déportés ou réduits en esclavage.

Les Perses confient le gouvernement de la ville aux Juifs locaux. Ils peuvent ainsi jouir à nouveau de l'esplanade du temple, qui n'était plus alors qu'un champ de ruines anciennes et nouvelles. Mais ils ne comprennent pas ce que ces autres Juifs, bien étranges avec leurs amis arabes, veulent faire sur leur esplanade. Car les judéonazaréens et leurs convertis ne sont pas venus à Jérusalem uniquement pour le butin : ils sont venus pour mener à bien leur projet de reconstruction du temple et de retour du messie. Et ils tentent d'imposer leurs vues face à leurs cousins Juifs rabbiniques. La querelle s'envenime, des rixes éclatent. Romizanès prend le parti des locaux, des Juifs rabbiniques sur qui il s'est appuyé pour

[60] Les restes de milliers de personnes ont encore été récemment découverts dans la piscine de Mamilla, parmi d'autres charniers.

prendre Jérusalem. **Les judéonazaréens et leurs alliés arabes sont alors expulsés de Jérusalem** et chassés de Palestine[61]. Ils ne portaient déjà pas dans leur cœur les rabbiniques qu'ils accusaient d'avoir dévoyé, ou plus exactement recouvert, les écritures saintes (la Torah) avec l'ajout des talmuds. Voilà qui ne les portera pas à de meilleurs sentiments envers eux.

Le retour en Syrie a du se révéler difficile pour la troupe d'Arabes qoréchites et leurs chefs religieux judéonazaréens. Comment réintégrer les villages, le caravansérail, la vie de la tribu et le train-train des caravanes alors que la ferveur religieuse a décuplé avec l'expédition perse ? Alors qu'ils avaient touché Jérusalem, et qu'il s'en était fallu de si peu qu'ils n'arrivent à faire revenir le messie ? Les Qoréchites restés au pays, simples commerçants caravaniers, les voyant ainsi revenir ont sans doute un peu de mal à comprendre et à accepter ces guerriers. Mahomet en renforcera sans doute d'autant sa position de chef politique et religieux des Arabes ralliés, sous la houlette des judéonazaréens.

A ses fidèles Qoréchites de la première heure, ses compagnons de Jérusalem, s'ajoutent peu à peu d'autres membres des tribus voisines. Il joue ainsi à plein son rôle de courroie de transmission de l'endoctrinement auprès des Arabes christianisés, via Waraqa, appuyé par d'autres prédicateurs arabes « judéonazaréisés ». Les judéonazaréens mettent tous leurs espoirs dans cet endoctrinement : l'épisode de Jérusalem a bel et bien montré la pertinence de s'appuyer sur la force militaire des Arabes nomades. Leur objectif n'a jamais été si proche, il faut poursuivre cet endoctrinement. C'est sans doute à cette époque que le chef arabe gagne le **surnom de Muhammad**, latinisé en Mahometus, puis francisé en Mahomet. Les musulmans d'aujourd'hui veulent y voir le sens de « celui qui est digne de louanges », « le très

[61] Voir en pages 162 à 165 les traces de cet événement dans le discours musulman.

loué ». Pourtant, le sens de ce surnom (le « très loué », le « béni ») se trouve déjà de nombreuses fois dans la bible (psaume 118, 26 : « *Béni soit celui qui vient au nom de Dieu* », acclamation messianique qui, selon les évangiles – cf. Mt. 21,9 - a salué l'arrivée de Jésus à Jérusalem, et se traduisant en arabe par « Muhammad rasul allah »). E-M. Gallez en propose ainsi une tout autre interprétation : Muhammad serait « l'homme des prédilections » (de Dieu), « l'homme qui désire plaire à Dieu », c'est-à-dire la reprise exacte du surnom donné au prophète juif Daniel (cf. Daniel, 9,23-24)[62] dans les textes prophétiques juifs eux-mêmes. Daniel, le dernier prophète juif avant Jésus, celui qui annonçait justement sa venue. A qui d'autre identifier Mahomet, le chef de guerre qui prêche et œuvre pour le retour imminent du « *Messie Jésus* » ?

---

[62] La déviation du sens de Muhammad vers « digne de louange » est à mettre en rapport avec la volonté des musulmans de voir dans les évangiles une annonce de Mahomet. Jésus y annonce en effet la venue du « Paraclet », c'est-à-dire de l'Esprit Saint pour les chrétiens. Les livres manichéens du 3e siècle (dénoncés par Eusèbe) faisaient déjà de Mani le « Paraclet », les musulmans feront de même avec Mahomet. En traduisant «Paraclet » par « ahmad », ils veulent lui donner la signification de « loué », pour coller au discours qui stipule que chaque religion monothéiste a annoncé le prophète qui allait la réformer (Le judaïsme annonce le christianisme qui annonce l'islam). Cette déformation tardive de la racine hmd (ahmad) au sens premier voisin de « désirer » ou « convoiter » s'est réalisée lors de l'élaboration de la théologie musulmane des rappels à l'ordre de Dieu, des remplacements successifs des religions abrahamiques par une religion abrahamique supérieure, jusqu'à l'islam.

L'émigration

L'Histoire revient donner une chiquenaude au groupe des messianistes judéo-arabes. Dans la longue guerre qui l'oppose aux Perses, l'empereur Héraclius reprend la main et engage la contre-offensive à partir de 620. Après une série de victoires, ses armées se présentent au nord de la Syrie et le danger est grand qu'elles ne se vengent des aventuriers qoréchites et judéonazaréens qui avaient rejoint Romizanès dans l'expédition en Palestine. C'est sans doute par peur d'être confondus avec eux que les Qoréchites et judéonazaréens restés alors en arrière sauront faire comprendre aux vétérans de Jérusalem qu'ils ne sont plus vraiment à leur place en Syrie. Pas question de mettre en danger le commerce caravanier ! Ils les obligent à partir. Il faut fuir, et émigrer chez des judéonazaréens amis établis loin de la portée des armées byzantines. Ce sera à Yathrib, la cité-oasis du désert d'Arabie où s'était établie depuis fort longtemps une partie de la secte judéonazaréenne[63]. Les membres du groupe, de la communauté judéo-arabe, de l'oumma, s'appelleront dorénavant les émigrés, les muhajirun en langue arabe. Yathrib sera rebaptisée en Môdin (arabisée en Médine), du nom même de la ville d'où partit l'insurrection juive des Maccabées, au 2ème siècle avant Jésus Christ[64].

A posteriori, cette fuite à Yathrib sera relue par l'oumma judéo-arabe (et par leurs descendants) comme un événement fondateur, à la très forte symbolique religieuse : les « purs » ne fuient pas, ils se préparent ! C'est encore une fois l'image de l'exode du peuple juif dans le désert qui s'impose, le peuple quittant l'Egypte de Pharaon en quête de terre promise sous

[63] La présence juive y est attestée de très longue date (entre autres par Pline L'Ancien et Ptolémée) mais selon A-L. de Prémare (*Les Fondations de l'Islam*), l'existence d'un foyer juif rabbinique aux 6e et 7e siècles est déniée par les sources judaïques elles mêmes. Qui étaient alors ces Juifs non rabbiniques habitant Yathrib sinon des judéonazaréens ?

[64] Premier livre des Maccabées, 2, 23

la conduite du patriarche Moïse. Cet exode biblique au désert représenta pour les Juifs le temps et le lieu de la purification, de la formation par Dieu lui même de son peuple pour qu'il puisse prendre possession de la « terre promise ». C'est ainsi que sera interprété après coup l'exil du groupe judéo-arabe comme le commencement d'une ère nouvelle, avec son nouveau calendrier qu'instituera le calife Omar en 639. Il débutera à partir de cet événement, **l'an 1 de l'Hégire**, c'est-à-dire de l'exode, de l'exil, de l'émigration.

L'installation à Yathrib-Médine permet d'accroitre encore les forces de la communauté nouvelle. Les judéonazaréens locaux la rejoignent (c'est l'objet de la charte de Médine), et le travail de prédication, auprès des tribus arabes voisines, du retour du messie à Jérusalem et des promesses messianistes gagne de nouveaux adeptes à la cause. Le groupe devient assez puissant pour soumettre encore d'autres tribus par l'épée. Elles seront purgées par la suite de leur christianisme. L'histoire musulmane (selon Ibn Ichâm) conserve d'ailleurs le souvenir de l'opposition de tribus arabes commandées par des femmes, un élément significatif du véritable statut des femmes dans l'Arabie christianisée d'alors[65]. Nous disposons d'autres sources historiques peu connues, contemporaines des événements de Yathrib, et relatant la prédication de Mahomet, le bien curieux propagandiste de cette communauté composite judéo-arabe : la Chronique [arménienne dite] de Sebêos mentionne la rencontre de Juifs rabbiniques arrivés à Yathrib en 625-627 avec Mahomet : « *En ce temps-là, il y avait un Ismaélite* [un Arabe] *appelé Mahmet, un négociant. Il se présenta à eux comme sur ordre de Dieu, comme un prédicateur, comme le chemin de la vérité, et leur apprit à connaître le Dieu d'Abraham car il était très bien*

[65] Les fouilles récentes réalisées par Christian Robin, archéologue du CNRS, ont par ailleurs révélé que l'ensemble de la péninsule arabique était juive ou chrétienne à l'époque de Mahomet ; le polythéisme décrit par les traditions musulmanes est selon lui « *totalement en contradiction avec ce que l'on peut observer à partir des sources archéologiques* ».

instruit et à l'aise avec l'histoire de Moïse... [Mahmet, s'adressant aux Arabes christianisés] *ajouta* : ***Dans un serment, Dieu a promis ce Pays*** [la terre promise] ***à Abraham et à sa postérité*** (...) ***Maintenant vous, vous êtes les fils d'Abraham et Dieu réalise en vous la promesse faite à Abraham et à sa postérité. Aimez seulement le Dieu d'Abraham*** [refusez la vision trinitaire et chrétienne de Dieu], ***allez vous emparer de votre territoire que Dieu a donné à votre père Abraham***[66] ». Avec la Doctrina Jacobi et les écrits de Théophane, ces documents comptent à ce jour parmi les rares témoignages contemporains de Mahomet dont disposent les historiens à son sujet (les sources musulmanes datent au mieux de près de deux siècles après Mahomet). Leur contenu s'oppose radicalement au discours musulman. Nous allons comprendre pourquoi par la suite.

C'est ainsi que, de proche en proche, Mahomet et les chefs religieux judéonazaréens unifient des tribus arabes dans leur projet et construisent une force militaire. L'heure de la conquête de la Palestine approche. Les premières expéditions ne rencontrent cependant pas de succès autre que le butin des razzias[67]. Celle de 629 frappera toutefois les mémoires : la lecture de la Chronique de Théophane nous apprend comment Mahomet avait envoyé cavaliers et armées arabes une nouvelle fois à la conquête de la « terre promise ». L'empereur Héraclius était alors en train de chasser les Perses de Palestine et de Syrie. Il avait repris Jérusalem cette année là, mais ses armées étaient épuisées par la guerre sans fin menée contre la Perse. Observant l'affaiblissement mutuel des deux grands empires qui se disputaient le Moyen-Orient, Mahomet a sans doute repéré une fenêtre stratégique. Mais

---

[66] On trouve des échos à cette prédication dans le Coran, s19,40 : « *C'est nous, en vérité, qui hériterons la Terre et tout ce qui s'y trouve* » (également en s5, 21).

[67] On trouve une mention à ce groupe des Emigrés dans la Chronique de Jacques d'Edesse : « *Le royaume des Arabes que nous appelons Tayyâyê* [émigrés] *commença lorsqu'Héraclius, Roi des Romains, était dans sa 11e année et Chosroès, Roi des Perse, dans sa 31e année* [l'an 621] (...) *les Tayyâyê commencèrent à faire des incursions dans le pays de Palestine* ».

son projet de conquête de la Judée depuis l'Arabie par la Mer Morte pour suivre de là le cours du Jourdain et imiter ainsi le récit biblique de l'exode, butta à Moteh (Mu'ta en arabe) sur l'armée byzantine, appuyée de contingents arabes[68]. La défaite fut cuisante, trois des grands généraux furent tués, et l'armée de l'oumma fût sévèrement entamée. Elle dut rebrousser chemin vers Yathrib-Médine, tandis que Mahomet et les chefs religieux déploieront des trésors de prédication[69] pour remonter le moral de leurs troupes.

Malgré tous ses efforts, Mahomet ne verra pas la conquête de la terre sainte. Il mourra[70] à Médine, entre 629 (bataille de Mu'ta) et 634 (bataille de Gaza). Les musulmans retiennent la date de 632, bien que peu sûre[71].

Le commandement militaire de la troupe échoira à l'un des généraux, **Abu Bakr**, personnage dont il est fort probable qu'il ait été un concurrent de Mahomet et d'Omar, le futur calife (les traditions musulmanes sont étonnamment peu disertes sur celui qu'elles considèrent comme le premier calife - aucune source ne le mentionne avant le 8e siècle). Les chefs religieux judéonazaréens exercent toujours leur autorité, ils poursuivent leur travail d'exhortation et d'unification des tribus d'Arabie au service du projet, par eux-mêmes et avec l'appui des prédicateurs arabes. La mémoire de Mahomet

---

[68] La bataille de Mu'ta en 629, évoquée par Théophane est des très rares événements de la vie de Mahomet qui soit à la fois historiographiquement sûr et bien daté ; c'est d'ailleurs l'un des seuls à être attesté par des sources non musulmanes. Ce fait historique est souvent passé sous silence dans la tradition islamique, sans doute parce qu'il s'agit d'une défaite et qu'il contrevient à la logique de l'histoire musulmane : **qu'allait faire Mahomet en Palestine en 629**, alors que selon le discours musulman, il était supposé tourner toutes ses attentions vers La Mecque ?

[69] Le Coran en conserve un écho, dans les sourates 30 (dite Les Romains) et 105 (dite L'Eléphant) – voir page 166.

[70] Certaines traditions musulmanes affirment qu'il serait mort assassiné (empoisonné par une veuve juive).

[71] Thomas le Presbytre écrivait ainsi en 640 que Mahomet (*le Muhammad*) commandait encore ses troupes à la bataille de Gaza, en 634. S'agissait-il de lui, ou bien est ce que son surnom de *Muhammad* était-il passé à un autre ?

s'estompe alors – son influence, au-delà des rivalités des émirs, avait dû lui attirer de très solides inimitiés au sein même de sa troupe, et notamment parmi les tribus arabes converties ou gagnées au projet par la force. Elles devaient conserver vivace le souvenir de la dureté de la férule de Mahomet[72].

Et la poussée vers la terre sainte de se poursuivre. Abu Bakr meurt à son tour à Médine, en 634 (date encore une fois peu sûre[73]). Un autre chef arabe (son concurrent ?), **Omar**, lui succède au commandement de l'armée, toujours encadrée par les judéonazaréens qui forment en quelque sorte ses commissaires politiques. L'affaiblissement d'Héraclius, épuisé par ses campagnes de reconquête face aux Perses, diminué également par des épidémies récurrentes de peste tout au long des 6e et 7e siècles, permet au groupe d'entrer en Syrie, un terrain qu'il connaît très bien et où il bénéfice même d'alliés de la première heure. N'oublions pas qu'y étaient restés les Qoréchites et judéonazaréens plus ou moins gagnés à la cause mais qui n'avaient pas suivi dans l'Hégire dix ans plus tôt, certainement par peur de l'armée byzantine. L'arrivée des Emigrés dans leur dynamique de conquête change la donne, et les sceptiques d'alors rejoignent la troupe, de gré ou de force. Ils seront des Ansar, des « *secoureurs de Dieu* » célébrés dans la mémoire musulmane. La Syrie est ainsi prise en 636, sans qu'Héraclius ne puisse significativement s'y opposer. Face à la déferlante, il préférera se retirer à l'abri des solides remparts qui ont toujours protégé Byzance au cours de l'Histoire.

---

[72] La tradition musulmane reconnait à Mahomet une conduite impitoyable envers ses adversaires et ses détracteurs.

[73] Certains spécialistes soutiennent que Mahomet serait mort en 634 et qu'Omar lui aurait alors succédé directement. Abu Bakr n'aurait été qu'un des généraux de l'armée, sans titre de calife (lequel titre ne lui a de toutes façons été décerné qu'a posteriori, lors de l'écriture de l'histoire musulmane). Cette manipulation aurait alors évité de devoir transmettre le souvenir d'un Mahomet ayant cherché à conquérir Jérusalem, et les questions légitimes que cela aurait entrainé sur les buts alors poursuivis.

Mais ce cours de l'Histoire vient de changer. Forts de leurs positions en Syrie, les Emigrés avancent vers la Palestine et approchent de Jérusalem. Après tant de sièges, tant de batailles et de massacres, la ville qu'Héraclius avait rendue aux chrétiens ne peut opposer de résistance. Les Arabes campaient déjà à proximité en 634, entre Bethléem et Jérusalem, empêchant les chrétiens d'y effectuer leurs dévotions comme le soulignait son évêque, le patriarche Sophrone, dans son sermon de Noël. Pour éviter que ne se répète le terrible bain de sang de 614, il finit par ouvrir les portes. La date n'étant pas connue de façon certaine entre 635 et 638, nous retiendrons celle de 637. Il s'agit pourtant d'un événement considérable **: les Emigrés viennent de prendre Jérusalem**, ça y est, le projet va se réaliser, le temple va être reconstruit, le messie va revenir...

Le messie ne revient pas

Entrant à Jérusalem, les Emigrés se précipitent aussitôt à l'esplanade du temple, couverte des ruines des guerres judéo-romaines et abandonnée depuis[74], pour y mener à bien leur projet. « *Lorsque les Arabes vinrent à Jérusalem, il y avait avec eux des hommes d'entre les fils d'Israël qui leur montrèrent l'emplacement du temple* » indique un contemporain[75]. Ils veulent évidemment rebâtir le temple, et l'on imagine leur ferveur et leur excitation. Un autre témoin, Théodore, raconte ainsi la scène : « *Aussitôt, en courant, ils arrivèrent au lieu qu'on appelle Capitole* [l'esplanade du temple]. *Ils prirent avec eux des hommes, certains de force, d'autres de leur plein gré, afin de nettoyer ce lieu et d'***édifier** *cette maudite chose, destinée à leur prière, qu'ils appellent une midzgitha* [un lieu de prosternation c'est à dire un « masjid »] »[76].

L'opposition de Sophrone ne peut entraver le projet. Les fanatiques se mettent au travail sans même attendre la venue d'Omar, le chef militaire, resté à Médine, qui n'y entrera qu'en 638. Le crédit de cette reconstruction du temple lui sera toutefois attribué : on lit en effet dans les *Secrets du Rabbi Ben Yohai* qu'un « *deuxième roi qui se lève en Ismaël* [c'est-à-dire Omar] *réparera* [a réparé] *les brèches du Temple* »[77]. Le modèle original ancien sera respecté : on construira un grand **cube** de pierre, marbre et bois (Sophrone évoque le rôle d'un marbrier, qu'il en a d'ailleurs excommunié). Il reprendra les dimensions et la forme du saint des saints de l'ancien temple des Juifs, bien que la tradition ait perdu ce souvenir en le

---

[74] Hormis la période 614-629 où Jérusalem se trouvait sous autorité perso-juive, l'esplanade servait même de dépotoir.

[75] Extrait d'une « Lettre de l'Académie de Jérusalem à la diaspora d'Egypte » traduite et citée par A-L de Prémare dans *Les Fondations de l'Islam*.

[76] Extrait d'un texte issu de la Grande Laure monastique de Saint-Sabas, à l'est de Jérusalem, toujours cité par A-L de Prémare.

[77] Ecrit juif du 8e siècle cité par Patricia Crone et Michael Cook dans *Hagarism, the making of the islamic world*.

désignant comme « mosquée d'Omar ». Ce nom est d'ailleurs passé au bâtiment qui a succédé au temple judéonazaréen : ce que l'on voit aujourd'hui n'est plus le cube de 637-638 mais ce que fera construire le calife Abd Al-Malik par la suite à sa place (ou presque), sur le rocher qui affleurait sur l'esplanade, sommet du mont Moriah auquel la tradition juive (et judéonazaréenne) rattachait le sacrifice manqué d'Isaac par Abraham (appelé la « ligature »). C'est le Dôme du Rocher, que nous pouvons toujours y voir de nos jours, de forme octogonale et non cubique. Nous le développerons par la suite.

Revenons à l'Histoire : le temple est enfin relevé, la ferveur est à son comble (comme l'indique l'institution par Omar du nouveau calendrier hégirien, en 639), les sacrifices et les rites vont pouvoir avoir lieu. Les judéonazaréens invoquent la figure du messie, appellent son retour. Mais **le messie ne revient pas**. Les prêtres judéonazaréens tentent de temporiser avec les guerriers arabes et leurs chefs, impatients de devenir les élus du nouveau royaume du « *Messie Jésus* », comme dit le Coran. Mais passe le temps et force est de reconnaître qu'ils se sont fait berner. En 640, les chefs arabes ont compris : le messie ne reviendra pas, il n'y a pas de royaume pour les élus, ils ont été trompés. Les maîtres judéonazaréens sont des escrocs et des traîtres qui les ont entraînés pour rien dans près de 40 années de fausses promesses, d'efforts, d'exil, de sacrifices, de guerres ... C'est la crise au sein de l'oumma. Hé bien, que périssent les judéonazaréens puisqu'ils n'ont pas de messie ni de royaume des élus à donner aux Arabes !

Mais il existe pourtant bel et bien un royaume, celui que les Arabes viennent de conquérir au nom du projet judéonazaréen. En 640, profitant de l'épuisement de l'empire byzantin que nous avons expliqué, Omar et son armée ont le contrôle militaire de l'ensemble du Moyen Orient - l'empire byzantin se voyant réduit par la poussée arabe aux frontières de l'actuelle Turquie, coupé de ses possessions en Afrique du Nord. En éliminant les chefs judéonazaréens, Omar a fait d'une pierre deux coups : non seulement il s'approprie la conquête, mais il récupère aussi le commandement religieux. **L'intuition de l'islam vient de naitre**. Mais avant qu'elle ne prenne vraiment forme comme doctrine, il faudra plus de 100 ans – et avant qu'elle ne s'impose et ne se structure définitivement, au moins deux siècles de plus.

LE TEMPS DES PREMIERS CALIFES

Comment justifier le pouvoir acquis ?

Nous allons nous intéresser maintenant à l'histoire des premiers califes. C'est une histoire très difficile à démêler : de très nombreux documents d'époque ont été détruits à dessein (la quasi-totalité des documents « musulmans » depuis la mort de Mahomet jusqu'au 9e siècle) et la tradition tardive a voulu reconstruire a posteriori une légende dorée des événements de ce qu'elle idéalise comme les premiers temps de l'islam. Cela explique les imprécisions de la chronologie que nous allons parcourir. Cette tradition tardive veut établir Abu Bakr comme le premier calife, dont le règne n'aurait duré que deux ans. Celui d'Omar aurait alors débuté en 634, pour se finir en 644. Commença alors celui d'Otman, jusque 656. Ali lui succéda jusqu'en 661. L'histoire musulmane a établi a posteriori ces quatre premiers souverains comme les califes « *bien guidés* », ou Rachidun. Les musulmans sunnites les considèrent toujours comme des souverains modèles, divinement inspirés, dignes successeurs de Mahomet ayant fidèlement appliqué les commandements d'Allah.

Ali affronta une guerre civile qui fit émerger Muawiya comme nouveau calife. Ce dernier régna jusqu'en 680. Puis vint une nouvelle période de guerre civile, à laquelle mit fin l'avènement d'Abd al-Malik en 685. Son califat dura 20 ans, jusqu'en 705. Nous allons particulièrement observer cette période sur le plan religieux. Que va-t-il advenir de la croyance des judéonazaréens après leur disparition ? Comment va évoluer la « religion d'Abraham » ? Comment l'islam va-t-il peu à peu se former ?

Omar (634-644) et Otman (644-656): escamoter les judéonazaréens

Devant le non-retour du messie, Omar décide donc de se débarrasser des anciens alliés. Les chefs judéonazaréens sont éliminés, leurs familles sont chassées[78], les judéonazaréens de Syrie voient tomber sur eux un mépris indéfectible[79]. L'oumma composite judéo-arabe se transforme de fait en une oumma arabe. Et de là, le statut de peuple élu échoit entièrement aux Arabes, et ce d'autant plus facilement qu'ils se retrouvent les nouveaux et seuls maîtres du Proche-Orient. Mais de nombreuses difficultés apparaissent pour pouvoir légitimer le pouvoir acquis sans décevoir les promesses messianistes qui le sous-tendent : il faut parvenir non seulement à expliquer la mise à l'écart des judéonazaréens, voire à effacer des mémoires arabes le souvenir de l'alliance première, mais aussi à transformer le projet messianiste initial en faveur des nouveaux seigneurs arabes. Cela revient de facto à remplacer les anciens maîtres de la « religion d'Abraham » et à **prendre les commandes du religieux** en plus de celles du politique, déjà acquises. Tant bien que mal, Omar, puis son successeur Otman vont alors tenter de se justifier au cours de cette période chaotique.

---

[78] L'événement donne un tout autre sens au sort des tribus juives de Médine selon l'histoire musulmane que l'on a vu en préambule (massacre et expulsion). Leur souvenir s'est transmis en se déformant dans l'histoire canonique islamique, nous verrons comment par la suite. L'anathème qui frappe les judéonazaréens s'étendra aussi à leurs cousins Juifs rabbiniques de Jérusalem qui avaient pu y retourner lors de la prise de la ville par les Arabes. Associés par leur judéité à l'échec honteux du projet judéonazaréen, ils seront temporairement expulsés de Jérusalem, puis reviendront.

[79] L'Histoire verra les descendants des judéonazaréens s'amalgamer peu à peu aux musulmans, à partir des 8 et 9[èmee] siècles. Les travaux de Joseph Azzi (*Les Nousaïrites-Alaouites: Histoire, Doctrine et Coutumes*) indiquent qu'ils forment l'**origine de la communauté alaouite** actuelle de Syrie. Le dégoût de toujours que leur portent les musulmans sunnites trouve là sa justification historique.

Les chroniqueurs (Jacques d'Edesse), les archéologues et à leur suite les historiens sérieux[80] observent ainsi à partir de 640 que les bâtiments de culte utilisés par les « musulmans » se cherchent de nouvelles directions pour la prière (la *qibla*), autres que Jérusalem, mais pas encore mecquoises. On l'a relevé par exemple sur les très anciennes mosquées de Hajjaj à Wasit (à proximité de Bassora), ou celle d'Amr Ibn al-As, à Fustat (Le Caire). Alors que les premières mosquées (par exemple celle de Médine) pointaient naturellement vers Jérusalem, celles-ci pointaient, et certaines pointent encore vers la Syrie, où les Arabes ont connu le premier sanctuaire dédié à Abraham de leur mouvement politico-religieux. Peut-être s'agissait-il d'un cube provisoire construit par les judéonazaréens après leur exil de Jérusalem au 1er siècle et également vénéré par les Qoréchites convertis[81]. On comprend ainsi qu'Omar et ses conseillers (puis Otman) ont cherché à escamoter le sens du cube de Jérusalem qu'ils avaient aidé à construire, la raison d'être des judéonazaréens. Il s'agit tout d'abord de **dépasser l'échec du projet messianiste**, l'échec du plan des judéonazaréens, et de proposer quelque chose à la place. On ne saurait continuer de pratiquer la « religion d'Abraham » comme elle a été enseignée par les prédicateurs arabes sous l'autorité des judéonazaréens. Pour se l'accaparer, Omar et son successeur Otman[82] vont présenter la nation arabe comme étant celle qui constitue la véritable descendance d'Abraham par le fils aîné Ismaël, la descendance élue par Dieu à l'exclusion de la branche juive issue d'Isaac. Cet aspect « abrahamique » du

[80] Notamment Tali Erickson Gini et Sir Keppel Archibald Cameron Creswell, Patricia Crone et Michael Cook

[81] Plusieurs traditions mentionnent un « masjid Ibrahim » (lieu de prosternation d'Abraham) au sommet d'une colline nommée Abu Qubays, en Syrie, à proximité de Hama/Homs (Abu Qubays est d'ailleurs aujourd'hui le nom d'une ville de sa banlieue). Nous verrons un peu plus loin (pages 92 à 99) dans quelles circonstances une colline voisine de La Mecque a pu être nommée également Abu Qubays.

[82] Difficile en l'état de faire la part des choses entre ce qui relève de la courte fin de règne d'Omar (jusqu'en 644) et de celui d'Otman (644-654)

proto islam n'a pas échappé aux meilleurs islamologues, même s'ils n'en comprennent pas tous les enjeux.

Conséquence logique de ce tournant : la nécessité de **contrôler les textes** laissés derrière eux par les judéonazaréens, ces textes qui accompagnaient la prédication de la *« religion d'Abraham »*. Les autorités vont tenter de les récupérer. Maîtriser les écritures, c'est détenir la clé de la religion et de la mémoire des judéonazaréens. D'autant plus que dans leur conquête, les Arabes rencontrent des religieux chrétiens et juifs beaucoup plus structurés dans leur foi que les tribus christianisées d'Arabie. Ils ont des livres et des questions dérangeantes ... [83] Il faut donc rassembler à tout prix l'ensemble des textes, qu'il s'agisse des notes et aide-mémoire des prédicateurs, comme on l'a détaillé précédemment, ou bien des textes guidant la pratique religieuse (lectionnaires, florilèges de textes de la Torah et de « l'évangile » traduits en arabe...), qu'il s'agisse des feuillets des Emigrés à Médine ou des textes restés en Syrie, avant l'Hégire. On pourra ainsi sélectionner dans ces textes ce qui pourra accréditer la nouvelle identité des Arabes comme fils d'Abraham, choisis par Dieu pour son projet. Il faut en revanche faire disparaitre tout ce qui pourrait contrevenir à cette nouvelle logique du pouvoir, comme par exemple toute mention trop explicite de l'alliance, de l'oumma judéo-arabe. C'est ainsi que va se constituer peu à peu le **proto-Coran**, puis le Coran. Mais ce faisant, deux terribles calamités vont s'abattre sur l'oumma : le bouleversement des assises de la religion (et donc du pouvoir politique) et la discorde qui sera semée entre les nouveaux maîtres du Moyen Orient.

Omar, et bien davantage Otman à sa suite, vont ainsi manipuler à leur profit la religion pour continuer de **justifier la domination** des conquérants arabes (et leur propre

[83] Voir par exemple la controverse de 644 entre le patriarche jacobite de Syrie Jean 1er et l'émir Saïd ibn Amir, gouverneur d'Homs, détaillée en note 106

pouvoir). Comment expliquer que les alliés judéonazaréens d'hier soient devenus les parias d'aujourd'hui ? Ce sera fait en modifiant, en corrigeant les textes, en les réinterprétant. Le but de ces manipulations est d'occulter le souvenir des judéonazaréens, et la manière la plus efficace sera de faire disparaitre leur nom même, en l'attribuant aux chrétiens et en établissant que les « *nasara* » (nazaréens) dont il est fait mention dans ces textes sont en fait les chrétiens. Et ainsi de vilipender Juifs et chrétiens. Mais il est possible que dans un tout premier temps, une mention telle que « *Ne vous faites pas des amis parmi les Juifs et les nasara* (Coran, s5, 51) », où « *et les nasara* » constitue un ajout manifeste, ait été une mise en garde adressée aux Arabes contre ce qui restait de l'influence des judéonazaréens. De nombreux autres ajouts de ce type ont été établis[84], les études à venir éclaireront te ce processus de manipulation et de réinterprétation des textes et feuillets proto-coraniques dans les prochaines années.

De nouveaux recueils de feuillets plus conformes aux vues du pouvoir sont alors produits. C'est ainsi qu'est mis en œuvre le mécanisme qui conduira progressivement à la formation de toute la religion islamique : la **logique de la conclusion à rebours**, de la conclusion qui prédétermine le raisonnement, qui manipule ses fondements historiques comme religieux. Les conquérants devant justifier leur domination (une domination sans judéonazaréens), ils manipulent donc les présupposés qui la fondent (la religion, les textes, les lieux saints[85]) pour les faire correspondre à cette conclusion écrite d'avance. Mais à toucher ainsi la mécanique bien huilée de la vision du monde selon les judéonazaréens, on en bouscule toute la cohérence. Cette manipulation n'ira pas sans poser de sérieux problèmes théologiques, comme nous allons le voir.

---

[84] La découverte fondamentale de ces ajouts (les exégètes appellent cela des « interpolations ») revient à Antoine Moussali (cf. ci-après). Cette vidéo très complète explique ces interpolations : https://www.youtube.com/watch?v=orWMY9LsZLk .

[85] Tout comme les textes, les sanctuaires connaitront leur lot de manipulations ; nous en verrons davantage par la suite.

Toutefois, dans l'immédiat, les problèmes sont davantage techniques et politiques que religieux.

Car pour arriver à une telle manipulation, il faut non seulement contraindre les consciences où s'imprime la religion, mais aussi l'ensemble des éléments matériels qui établissent cette religion, ce qui, évidemment, va se révéler très difficile. Techniquement d'une part, car il ne suffit pas d'occulter le sens du temple reconstruit à Jérusalem, il faut aussi rassembler une quantité de documents religieux (éparpillés dans toute l'oumma, selon ce que rapporte la tradition musulmane) et détruire les documents hétérodoxes. L'expansion militaire complique ce processus au plus haut point : l'Egypte, perle de l'empire Byzantin, est conquise en 640-642, Séleucie-Ctésiphon tombe en 641 et les Perses sont vaincus à Nihâvend l'année suivante. D'autre part, le retournement d'alliance et l'élimination physique des chefs judéonazaréens ne sont pas si faciles à accepter. Ils compromettent l'unité idéologique et favorisent les divergences. Ils désorganisent les hiérarchies et tendent à faire perdre l'unanimité fragile que l'oumma présentait encore pour le projet de conquête de Jérusalem. Naturellement, des chefs, des généraux, des émirs ont dû se rebeller, et d'autant plus franchement que les succès militaires leur ont permis d'acquérir un grand pouvoir – d'aucuns sont maintenant gouverneurs des territoires qu'ils ont conquis, hors de portée de l'autorité somme toute discutable du généralissime des Arabes. Sans judéonazaréens, d'où la tiendrait-il ? L'escamotage de toute la communauté judéonazaréenne, l'abandon du temple, cette collecte intrusive des textes, leur réécriture pour en extirper grossièrement le fait judéonazaréen, bref, l'atteinte à la « religion d'Abraham » que cette opération représente, constitue un réel outrage à ce que des décennies de propagande ont patiemment établi. Un outrage au sens même des combats, de l'épopée de la conquête de Jérusalem. Un viol des mémoires et même une atteinte à la volonté de Dieu selon la « religion d'Abraham ». Sans parler des querelles d'ambitions. Il y a donc naturellement des incompréhensions, des résistances, des oppositions. C'est ainsi que l'on a refusé l'autorité d'Omar, qu'on s'est accusé l'un l'autre d'être un « munafiq », un traître à la foi, et que certains se sont levés pour s'affirmer le vrai chef légitime, choisi par Dieu ... Ce sont là les racines et le commencement de l'incessante *fitna*, de la **guerre civile** qui a ensanglanté l'oumma pendant des siècles, jusqu'à aujourd'hui. Il n'est dès lors pas étonnant qu'Omar soit rapidement assassiné en 644, quatre ans seulement après le « non-événement » de Jérusalem.

Otman, chef militaire issu du noyau qoréchite des Emigrés et grand artisan des conquêtes, s'impose alors face à Ali, autre Emigré, comme nouveau maître de Médine. Devant la contestation, alors que l'oumma s'englue dans le bourbier des manipulations religieuses et de la guerre civile, il saisit les enjeux et les leviers du contrôle du pouvoir religieux. Il poursuit la stratégie d'**effacement du judéonazaréisme** comme source de la religion des conquérants arabes, et l'ostracisation consécutive de la communauté judéonazaréenne de Syrie. Mais surtout, il entreprend la reprise en main politique et idéologique de l'oumma.

Cette reprise en main se révèle d'autant plus nécessaire qu'au delà même de la *fitna*, **la « religion d'Abraham » est aussi contestée par les Juifs et les chrétiens**. Bien que conquis militairement, ils forment l'écrasante majorité du nouvel empire et ne sont pas dupes devant les justifications religieuses avancées par les Arabes pour leur domination. Ils ont à l'appui de leurs religions ancestrales des livres sacrés savamment constitués, ce qui manque encore à Otman. Il lui faut donc absolument un livre pour établir son pouvoir et les prétentions de la « religion d'Abraham » à tout dominer par son entremise. Pour cela, il faut travailler la logique et la cohérence que l'élimination des judéonazaréens a considérablement affaiblies. Le but initial était, rappelons-le, de sauver le monde en faisant revenir le messie, et d'établir les membres de l'oumma comme élus et maîtres du nouveau monde à venir ; les moyens consistaient à conquérir Jérusalem, y relever le temple, pour que les chefs judéonazaréens y réalisent les rites qui auraient dû faire revenir le messie, ce qui avait piteusement échoué. Mais qu'à cela ne tienne, le projet tient toujours. Et il doit d'autant plus tenir qu'il justifie avantageusement la domination des nouveaux conquérants. A moins que ce ne soit l'inverse ? A moins qu'il ne faille absolument établir une justification religieuse à la domination des Arabes et à leur conquête du monde qui se poursuit ?

Les deux logiques se recoupent de toute façon, pour le plus grand bénéfice d'Otman. Avec ses scribes et ses conseillers, il poursuit donc la manipulation de la religion qui doit absolument le légitimer et travaille à lui donner une nouvelle cohérence qui oriente la volonté de Dieu dans le sens de la justification de son autorité. Un travail de démolition et de reconstruction à partir des débris ... Car on ne peut certes pas asservir ad libitum toute la « religion d'Abraham », et avec elle la volonté de Dieu, qui est l'objet même de la religion. Il faut faire avec les fondamentaux. Le messie reviendra à la fin des temps : cela on ne peut le renier, c'est l'espérance ultime. Mais si Dieu n'a pas voulu que cette fin des temps arrive selon le plan des judéonazaréens, c'est que ceux-ci se sont tout simplement trompés (et ont par là trompé leurs alliés Arabes qui les en ont bien punis). Leur plan était mauvais, il faut seulement en changer. Les élus de par la volonté de Dieu devaient y dominer Jérusalem et y rétablir la vraie « religion d'Abraham ». Cela aurait dû faire revenir le messie qui se serait alors appuyé sur leurs armées pour établir son nouveau royaume, éradiquer le mal sur terre et y établir partout la « religion d'Abraham ». Force est de constater que Jérusalem n'a pas suffi. **Les élus devront donc dominer le monde** par des forces militaires humaines au nom de Dieu pour y établir la vraie « religion d'Abraham » ; et quand le monde sera conquis, le messie viendra, ce sera la fin des temps. Les élus, ce sont bien entendu les Arabes, les descendants d'Abraham par Ismaël. Voilà comment fonctionne la logique de justification a posteriori de la domination arabe.

Une preuve en est le titre de calife que se donne alors Otman (les historiens ne sont pas sûrs qu'Omar, son prédécesseur l'ait porté). Il va de pair avec la nouvelle assise qu'il impose à la religion : le chef des Arabes prend le titre de « lieutenant de Dieu sur terre » [86], titre complet typiquement judéonazaréen que ceux-ci attribuaient au messie pour le rôle qu'il aurait dû tenir lors de son retour sur terre. Avec cette nouvelle torsion de la « religion d'Abraham », le calife y prend ainsi la place laissée vacante du messie. A lui donc la mission d'éradiquer le mal sur la terre ! On comprend mieux les ressorts du pouvoir absolu que veut ainsi exercer Otman : un pouvoir tant militaire et politique que religieux, ce qui lui donne théoriquement les droits absolus dans tous ces domaines. Et en particulier le droit de collecter, sélectionner et modifier les feuillets et les textes qui structurent la religion (et détruire ceux qui ne lui agréent pas). Il s'appuie pour cela bien entendu sur des figures d'émigrés historiques (la tradition a conservé le souvenir du dévoué Zayd). Mais de fait, l'opposition interne à son autorité, la discorde entre partis musulmans, entre fidèles d'Otman et « *munafiqun* », les guerres d'apostasie (« *houroub al ridda* ») ne cessent de s'étendre à mesure que la conquête territoriale se poursuit depuis Omar.

[86] En arabe « Halifat Llah fi l-'Ard » ; avec l'invention du prophétisme par la suite, à la fin du 7e siècle, ce sens glissera vers celui de « successeur du prophète », toujours dans cette même logique à rebours qui vise à manipuler le passé pour justifier le présent. Pourtant, le Coran actuel conserve toujours ce sens de « lieutenant de Dieu », comme par exemple en s38,26 : « *O David* [le roi juif de la Bible que l'islam reprend à son compte comme prophète], *Nous t'avons mis calife sur la terre* ». Le roi juif David ne saurait être le successeur de Mahomet !

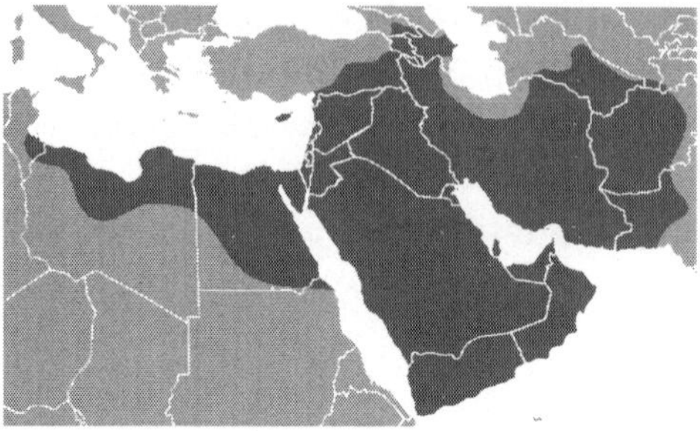
Expansion de l'empire arabe sous le califat d'Otman

L'expansion arabe agit parallèlement comme un rouleau compresseur face aux empires perse et byzantin épuisés par leurs siècles de guerres mutuelles. Otman, à la suite d'Omar, exploite un système redoutable d'efficacité pour la conquête : les campagnes d'expansion décidées par le calife sont en fait décentralisées, conduites et organisées par des émirs autonomes à la tête de leurs armées. Les provinces conquises sont données à des gouverneurs quasiment tous Qoréchites (et de ce fait supposés fidèles). Otman a développé pour les soutenir l'établissement de villes-garnisons (« amsar »), qu'il fait construire ex nihilo comme bases pour la conquête. Elles permettent d'y regrouper les troupes arabes, leurs servants et leurs familles. Ils y sont ainsi préservés ethniquement et idéologiquement de la fréquentation des populations à conquérir et à contrôler – c'est ainsi que sont créées Koufa et Bassora dans l'actuel Irak, Fostat en Egypte, et il semble bien que La Mecque fut elle aussi l'objet de la création d'une ville nouvelle, comme on le verra plus tard.

Pour entretenir ses troupes, Otman organise le système de **domination militaire par la prédation** : codification de la répartition du butin, des prises, des biens et esclaves selon la séniorité, et levée d'un impôt obligatoire sur les populations conquises, la jizya, qui doit soutenir l'entretien des troupes. Il n'est alors pas question de convertir ces populations à une quelconque religion, d'autant plus que ce qui sera appelé « islam » par la suite est encore bien loin d'être formalisé. La religion et sa pratique s'assimilent en fait à l'origine ethnique et à la dynamique de conquête : le guerrier arabe, membre du peuple élu, porte naturellement la foi conquérante, la « religion d'Abraham », dérivée d'un judéonazaréisme dont on a estompé peu à peu l'origine et la judéité. Il s'agit pour l'essentiel d'une foi messianiste, de la conviction pour le croyant d'avoir été choisi pour combattre le mal sur la terre. Une conviction d'agir au nom de Dieu qui galvanise toutes les énergies (c'est l'illustration de cette fameuse logique de surréalité que nous évoquions en note 44) et permet au passage de s'accaparer un butin de guerre – richesses, terres et esclaves - non négligeable. Cette foi n'est bien entendu réservée qu'aux uniques élus, qui laissent donc jouir les territoires occupés d'une relative liberté religieuse tant qu'ils paient la jizya[87].

De toute façon, pour éviter les critiques, surtout de la part des Juifs et des chrétiens, il leur est rigoureusement interdit dans tout le califat de prendre connaissance des recueils de textes de la nouvelle « religion d'Abraham ». Ces textes que mentionne la tradition musulmane (les fameux « corans d'Otman » envoyés aux quatre coins de l'empire arabe pour y servir de référence) sont d'ailleurs très peu diffusés, très peu consultables (ne serait-ce qu'en raison de la taille imposante des recueils), très peu connus (si ce n'est inconnus[88]) et restent sous bonne garde. La religion des Arabes, surtout celle des soldats, relève davantage de l'exaltation des victoires, de la justification messianiste du bien fondé de la domination arabe et de l'appât du gain que d'un endoctrinement très structuré. L'existence lointaine des textes servait de caution ultime.

C'est ainsi que le rouleau compresseur a avancé, en Egypte et en Afrique du Nord, dans toute la Perse et au delà. Choisir de

[87] Jean de Fenek (Jean Bar Penkayé) moine syrien, écrivait à propos des Arabes de la fin du 7e siècle qu'ils ne cherchaient qu'à lever des impôts et ne portaient aucun intérêt aux religions des populations : « *Il n'y avait pas de différence de traitement entre les païens et les chrétiens ; on ne distinguait pas les croyants des Juifs* ».

[88] Selon Ignacio Olagüe (*Les Arabes n'ont jamais envahi l'Espagne*, Flammarion 1969) citant Euloge de Cordoue (857) et Jean de Séville (858), la conquête de l'Espagne au 8e siècle s'est ainsi faite sans Coran ni recueil de textes religieux

Deux copies très anciennes du coran, dites « coran d'Otman »

Elles sont considérées chacune par la tradition musulmane comme l'un des corans diffusés par Otman lui même dans l'empire. Elles comptent parmi les plus anciens recueils complets que l'on connaisse

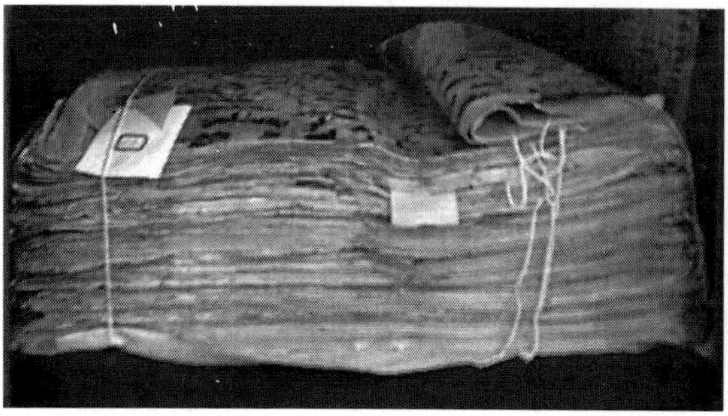

Recueil de feuillets daté du 8e siècle conservé à la mosquée de Tashkent, en Ouzbékistan (recueil incomplet, représentant environ un tiers du coran). Les musulmans sont toutefois partagés quant à son origine (Otman ou Ali), et une controverse existe quand à sa datation (certains parlent de la fin du 8ème siècle).

Coran datant du 8-9e siècle, conservé à la mosquée Al-Hussein du Caire en Egypte. La photo est tirée du documentaire d'Arte « Le Coran, aux origines du Livre » et donne une idée de sa taille imposante.
(©Arte – 13 Productions - Bruno Ulmer)

résister à cette **formidable puissance militaire**, mobile et implacable, se révèle d'autant plus courageux que l'on sait qu'elle garantit aux territoires conquis une certaine liberté, notamment religieuse (pour le moment - ce qui n'a pas empêché quelques massacres, comme en Egypte). Nombreux sont donc ceux qui préfèrent se rendre sans combattre, particulièrement en Afrique du Nord où la domination byzantine pouvait être très mal acceptée. Et le nouvel empire arabe d'accroître encore sa puissance militaire à mesure de son avancée. Mais il reste un domaine où celle-ci ne prévaudra pas : celui du combat naval, champ d'expertise de l'empire byzantin. C'est ainsi qu'après de nombreuses escarmouches, lorsqu'une expédition navale d'envergure est lancée contre les Byzantins en 654 par Muawiya, gouverneur de Syrie, ceux-ci parviennent à détruire les navires arabes. Ils négocient même une trêve avec lui plutôt que de pousser leur avantage. Il faut bien reconnaître que les Byzantins se seront totalement mépris sur le danger que constituaient pour eux la poussée arabe et leur projet politico-religieux de conquête.

Cette trêve est plus que bienvenue pour le califat, car les affaires internes vont de mal en pis. Comme expliqué précédemment, l'escamotage des judéonazaréens et donc des assises religieuses de l'oumma mine d'autant plus l'autorité du calife que la poursuite de l'expansion nourrit la constitution de baronnies. Ce point particulier complique très sérieusement la tentative d'unification idéologique d'Otman. La destruction des textes originaux des judéonazaréens (leur évangile et leur torah en langue syriaque et en hébreu), la collecte de leurs feuillets de catéchèse, de prédication et de propagande (en langue arabe) que nous avons déjà mentionnées ne peut à elle seule suffire à constituer un corpus de textes ordonné. Dès lors que l'on commence à **réécrire l'histoire**, l'incohérence se révèle, et pour l'éviter, une manipulation doit forcément en entraîner une autre.

L'exaltation de l'arabité de l'oumma nouvelle a forcé à la suppression des références à la composante juive de l'oumma originelle, comme on l'a vu. L'abandon du cube de Jérusalem oblige à supprimer ou à déformer les mentions qui en ont été faites. Et l'on a beau employer les meilleurs scribes pour éditer le texte, le réassembler, le réarranger, changer son ordre de lecture, voire le modifier, l'ouvrage est titanesque : d'une part le texte résiste en lui-même, il est bien difficile de lui faire signifier ce qu'il ne voulait pas dire initialement ; et d'autre part, le texte résiste car il est toujours en circulation au sein de l'oumma sous forme de feuillets dispersés et surtout sous forme orale. Il ne peut pas être si facilement manipulé à volonté. Lorsqu'on règne par la force, on peut certes procéder plusieurs fois de suite à des collectes forcées et par la suite à l'envoi de textes corrigés et approuvés en remplacement, mais l'on imagine volontiers à quel point cela peut générer des frictions. Elles dégénèrent à mesure que passe le temps et que se succèdent les chefs de l'oumma ; elles virent même franchement à la guerre civile entre Emigrés. On retient ainsi la date de l'assassinat d'Otman à Médine en 656 comme début de celle-ci, la **première *fitna***. Un assassinat politique somme toute très logique si l'on considère les faits comme nous venons de le faire.

Ali (656-661) et la première guerre civile

Ali, un des Emigrés qoréchites « historiques », prend le pouvoir à la suite d'Otman et tente de s'imposer comme calife à partir de 656. Face aux manipulations religieuses de ses prédécesseurs, la tradition lui a attribué a posteriori une certaine fidélité à la « religion », justifiée par ses liens familiaux envers Mahomet (il était son gendre) - on peut en effet l'imaginer comme particulièrement fidèle à la « religion d'Abraham » issue des judéonazaréens qu'il a longtemps côtoyés. A cela s'ajoute le prestige de sa participation active à l'épopée des Qoréchites, à l'Hégire, à la conquête, prestige qui lui a gagné une aura, une certaine autorité idéologique et de nombreux partisans. Il était pourtant partie prenante dans les faits de l'élimination des judéonazaréens, de leur effacement des mémoires et des manipulations de la religion à des fins politiques (peut-être a-t-il été lui-même un des prédicateurs arabes portant le projet judéonazaréen[89]).

Mais il semble insister davantage que ses prédécesseurs sur les visées eschatologiques (c'est-à-dire concernant la fin des temps, que l'on cherche à provoquer par la domination de la religion, la venue du messie, son affrontement final contre l'Antichrist, personnage clé du judéonazaréisme et d'abord de la révélation chrétienne). Ses partisans lui attribueront dans l'avenir une opposition de fond aux manipulations d'Otman et Omar. Cela révèle l'ampleur des **querelles d'ambitions** entre

[89] A ce sujet, il faudra s'interroger sur le fonds de réalité historique duquel dérive peut-être la tradition de ce soi-disant conseil consultatif du califat (califat dont il n'existe aucune trace avant Omar), le « **mushawara** » constitué autour de 640. Selon cette tradition, il était composé d'Emigrés, compagnons de Mahomet, parmi lesquels nous retrouvons trois chefs de l'oumma (Omar et Otman de leur vivant, et Ali) et d'autres personnages (Zayd, Ubay, entre autres) très impliqués dans les manipulations de la religion : des « experts » du Coran, comme Ubay, qui en avait sa propre version que les califes (notamment Muawiya et Abd al Malik) ont cherché à détruire avec acharnement. Il nous en est malgré tout parvenu quelques traces, présentant des différences notoires avec le Coran « officiel ».

les premiers chefs arabes. Elles ont fait d'Ali et de son parti des artisans de la *fitna* qui déchire l'oumma, *fitna* dont nous avons proposé une explication moins simpliste[90] que celle de l'histoire musulmane officielle.

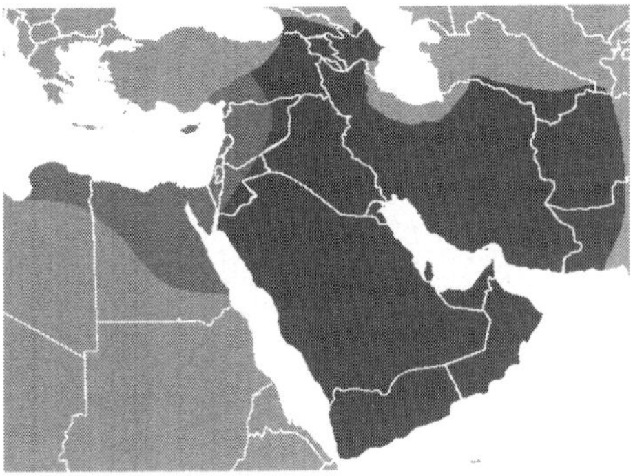

Evolution de l'empire arabe sous le califat d'Ali
(en foncé les possessions d'Ali, en clair celles des Omeyades, dont Muawiya)

La **guerre civile** (la première *fitna* dans la tradition musulmane) occupera donc l'essentiel du règne d'Ali. L'expansion arabe est interrompue par les luttes fratricides. Nous retiendrons en particulier l'opposition féroce entre Ali et Muawiya. Ce dernier était parent d'Otman, nourrissait des vues sur le califat et s'était toujours opposé à Ali. Depuis son gouvernorat de Syrie, il étendit son contrôle à l'ensemble du Levant (Syrie, Palestine, Jordanie actuelle) et à l'Egypte. Il fit reculer Ali, qui s'établira à Koufa, dans le sud de l'actuel Irak, ville dont il fera sa capitale et où prospéreront ses partisans. Et au-delà de ces deux protagonistes, les différentes factions contestataires se multiplient et s'affrontent au sein de l'oumma, au gré des renversements d'alliances, des corruptions et des scissions. Et c'est ainsi que la *fitna* aura finalement raison d'Ali, puisque celui-ci sera assassiné à Koufa en 661 par d'anciens partisans de sa cause s'étant retournés contre lui, les kharidjites.

[90] Nous verrons par la suite combien la poursuite de ces manipulations complique la recherche de la vérité historique, en particulier pour ce qui relève de la figure du très controversé Ali et de son orientation doctrinale, sans doute peu formée, et somme toute pas si éloignée de celle d'Otman. L'étude des divergences entre chiisme (issu des partisans et successeurs d'Ali) et sunnisme (issu des califes de Damas qui lui succèderont) permet toutefois d'en dresser certains contours, avec le danger de devoir trop attribuer à Ali ce que le chiisme fixera bien plus tardivement avec sa formalisation et la cristallisation religieuse de son opposition au califat.

Muawiya (661-680) : maîtriser pour gouverner

In fine, réduisant un à un ses opposants et leurs partisans, Muawiya aura réussi à prévaloir par la force et à se faire établir calife en 661 en l'emportant notamment sur le parti d'Ali et de ses deux fils Hasan et Hussein (bientôt liquidés eux aussi). Ils revendiqueront de leur côté la succession de leur père, succession qui fondera par la suite le chiisme.

Muawiya transfère la capitale du califat de Médine à Damas, siège de son gouvernorat, devenant le **premier calife omeyade**, fondateur de cette dynastie. Il s'appliquera dans son règne à renforcer le pouvoir califal, à unifier une oumma bien mal en point et à contenir ainsi la *fitna*. Il mettra en place un efficace système d'administration centralisée, exploitant notamment les compétences des experts chrétiens et juifs. Soulignons à ce sujet que la *fitna* n'avait que relativement peu touché les populations autochtones, ou alors principalement comme « victimes collatérales ».

Poursuivant comme ses prédécesseurs le mirage des promesses messianistes tout en cherchant à les exploiter à son profit, Muawiya va à son tour tenter de justifier son pouvoir par l'établissement d'un fondement religieux. Comme Otman avait essayé de le faire avant lui, il s'agit pour lui de faire cesser la *fitna* et d'unifier l'oumma en tentant de donner davantage de cohérence et « d'efficacité » à la religion, au service de sa propre autorité. La destruction des textes « hétérodoxes », le remaniement et la sélection des textes « approuvés » se poursuivent ainsi au long de son règne, dans le but d'en constituer un corpus unique bien plus pratique que les collections de feuillets. Il sera définitivement appelé **Coran** (« qur'ân » en arabe), par analogie avec le fameux « qur'ân » auquel ces mêmes textes faisaient référence. Ce nouveau Coran décrit la volonté de Dieu d'établir les Arabes et leur chef comme seigneurs et maîtres au nom de la « religion d'Abraham» », ce qui se révèle un outil bien pratique pour un calife cherchant à justifier son pouvoir. Par la force des choses, l'analogie va devenir une réalité de remplacement : le « qur'ân » mentionné dans le Coran de Muawiya va finir par désigner ce dernier, jusqu'à en occulter la signification première. Initialement, le mot de « qur'ân » désignait les lectionnaires des judéonazaréens (« qor'ôno » ou « qer'yana » en syriaque), c'est-à-dire les recueils des textes de la Torah et de leur évangile qu'ils employaient pour leurs liturgies, ces lectionnaires-qur'ân auxquels leurs feuillets de propagande et de prédication faisaient référence. Les judéonazaréens n'auraient jamais pu imaginer que l'on change ainsi le sens du mot qur'ân, pour désigner un livre sacré nouveau, contenant la volonté de Dieu. Cette manipulation est consécutivement source de problèmes logiques graves : comment un livre en fabrication (car en train d'être révélé par Dieu) peut-il faire référence à lui-même comme un tout terminé, et par définition extérieur à lui ? Nous verrons plus loin comment la théologie islamique tentera de résoudre cette contradiction.

Pour soutenir par ailleurs l'édification de sa religion, Muawiya saura exploiter certains événements providentiels : au début de son règne, un tremblement de terre a en effet fait s'écrouler en partie le cube de Jérusalem[91] construit avec les judéonazaréens. Sa restauration[92] s'avère indigne de la dévotion que continuent de lui rendre les Arabes par leurs pèlerinages et leurs prosternations, malgré la mise en avant

[91] En 661, selon les chroniqueurs syriaques.

[92] Voici comment l'évêque gaulois Arculfe, dans ses souvenirs de pèlerinage à Jérusalem de 670, a décrit l'édifice « restauré » sous Muawiya : « *Sur cet emplacement célèbre où se dressait jadis le Temple magnifiquement construit, les Sarrasins* [« ceux qui vivent sous la tente », surnom donné aux Arabes] *fréquentent maintenant une maison de prière quadrangulaire qu'ils ont construite de manière grossière sur des ruines. Elle est faite de planches dressées et de grandes poutres. On dit de cette maison qu'elle peut accueillir 3000 personnes à la fois* ». Par ailleurs, un fragment hébreu d'apocalypse judéo-arabe, cité par Israel Levi en 1914, mentionne que Muawiya a « *restauré les murs du Temple* [de Jérusalem] » ; l'auteur (Juif) assimile sa construction, sur l'emplacement du temple d'Hérode, au rétablissement de cet édifice.

de sanctuaires de remplacement en Syrie[93]. Sans parler de ces Juifs fort inconvenants qui le vénèrent aussi, au nom de leur « fausse » religion d'Abraham, imaginant que ce serait le lieu du sacrifice d'Isaac. Tous les Arabes savent pourtant bien qu'Abraham avait tenté d'y sacrifier son fils Ismaël, leur patriarche, et non Isaac, le patriarche des Juifs. Qu'est-ce que des Juifs pourraient avoir de commun avec la vraie « religion d'Abraham », celle du vrai peuple élu, les Arabes ? Un certain flou commence même à entourer le but réel et l'utilité de ce temple, la raison de tant de dévotions. Voilà déjà près d'une génération que les judéonazaréens ont été escamotés et que la tourmente politique, les guerres et la réécriture de l'histoire de la conquête arabe brouillent les mémoires. Cette dernière oblige à répondre à beaucoup de questions nouvelles. Comment expliquer que la « religion d'Abraham » des Arabes, leur « vraie » tradition abrahamique, prévale sur celle des Juifs ? Comment justifier que les Arabes soient les « vrais » fils d'Abraham, chargés par Dieu de dominer le monde ? Et donc, **comment justifier l'antériorité de la révélation des Arabes sur la révélation des Juifs**, et même sur toutes les religions ? Il faudrait pour cela qu'il existe quelque part, de préférence en terre arabe vierge de toute influence extérieure, un authentique sanctuaire d'Abraham préexistant au temple de Jérusalem. C'est justement ce que va prétendre Muawiya. Il vient de retrouver ce sanctuaire à 400 kilomètres au sud de Médine, idéalement placé dans un lieu désertique. Ce serait l'antique ville de La Mecque.

Plus sérieusement, il faut comprendre que Muawiya, ses scribes et ses conseillers se sont posé les questions mêmes que nous venons d'énoncer. Et que beaucoup d'autres les leur ont posées, parmi leurs opposants arabes ou dans les milieux juifs et chrétiens. C'est ainsi qu'ils en sont arrivés à la nécessité de **créer ex nihilo un sanctuaire arabo-arabe**

[93] Ce que laissent supposer les changements observés dans l'orientation des mosquées construites alors – cf. note 80.

dédié à Abraham. Et d'en décréter l'antériorité absolue, puisque ce serait Abraham lui même qui l'aurait construit, si ce n'est Adam, le premier homme. Abraham y aurait même vécu. Ils l'imposent alors aux Arabes comme lieu de culte et de pèlerinage, à la place de Jérusalem et des sites de Syrie. Ce lieu désert, vierge de toute présence, de toute histoire, est choisi dans le Hedjaz, en terre arabe, et de ce fait, il satisfait tous les critères pour répondre à ces embarrassantes questions. Pourquoi avoir choisi spécifiquement cet endroit ? La discussion est encore ouverte, à défaut de pouvoir y conduire les recherches archéologiques que les dirigeants saoudiens interdisent (mais ont permis ailleurs, malgré les découvertes mentionnées en note 65, contredisant frontalement le discours musulman). Nous savons qu'il y avait une présence arabe à proximité : l'oasis de Mina se trouve non loin, et la ville ancienne de Taïf n'est distante que d'une soixantaine de kilomètres du site choisi, qui se situe à la même distance des rivages de la mer Rouge.

Quoi qu'il en soit, Muawiya y fait construire un temple, un sanctuaire d'Abraham, et y installe une **pierre noire**, déjà vénérée auparavant[94], et. Il demande qu'y soit pointée la direction de la prière dans toute l'oumma, la *qibla*. Il n'est pas établi que le nom de La Mecque lui ait été donné alors, il devait être désigné comme « masjid Ibrahim » (lieu de prosternation d'Abraham). Ceci se passe au cours des années 670[95]. Muawiya pense avoir réalisé un coup de maître dans ce long travail d'effacement puis de recréation des mémoires, quand bien même ce nouveau sanctuaire peine à être accepté de ses contemporains. Et si à moyen terme, il deviendra un

---

[94] Les Arabes de Syrie et avec eux d'autres populations nomades, vouaient depuis des siècles un culte à ces pierres aérolithes. On rapporte qu'une de ces pierres noires fut transportée en grande pompe d'Emèse (Homs) à Rome en 219 par l'empereur Marcus Aurelius Antoninus, né en Syrie, qui lui rendait un culte « obscène » (selon les commentateurs, d'où son surnom d'Elagabalus).

[95] Comme le révèle le changement de l'orientation de la *qibla* dans les masjid/mosquées, observé peu ou prou à partir de cette époque.

ingrédient clé dans le long processus qui conduira à la formation de l'islam, il fut pourtant dès son origine une source de nombreuses contestations. Contestations qui se changeront en affrontements et en guerres terribles au sein de l'oumma, tant il est vrai que toute manipulation nouvelle des mémoires et de la religion y devient fatalement matière à « *fitna* ».

Au-delà de cette contestation, la création de ce sanctuaire, comme tout **mensonge**, présente des failles structurelles dans lesquelles peut s'engouffrer la recherche de la vérité, même quatorze siècles plus tard : tout d'abord, le choix d'un lieu désertique, aride, sans végétation pour les troupeaux, sans terres cultivables, sans gibier, empêche de considérer raisonnablement qu'une ville ait pu y être fondée et y subsister depuis des temps immémoriaux. Et surtout, le site retenu pour la construction de ce sanctuaire est en fait une cuvette étranglée, entourée de collines et montagnes. Aussi, lorsque surviennent des pluies importantes, le ruissellement des eaux se révèle très problématique. Et en cas de pluies diluviennes, comme il en arrive de temps en temps, le site se trouve alors soudainement inondé, voire ravagé par des torrents d'eau et de boue. Les chroniques des premiers siècles de l'islam rendent compte d'inondations en 699, 703, 738, 800, 817, 823, 840, 855, 867, 876 et 892. En 960, une caravane de pèlerins d'Egypte fut même engloutie dans ces torrents alors qu'elle s'en approchait ! Nous avons vu précédemment comment la Kaaba faillit être détruite par une de ces catastrophes, en 1620 (cf. note 9). Elle dut être partiellement reconstruite et renforcée par le sultan Mourad IV. Et jusque récemment, avant que les Saoudiens ne finissent par traiter plus ou moins efficacement le problème, le cube était encore **régulièrement inondé**. Le reste de la ville de La Mecque, qui s'est construite depuis autour, continue d'ailleurs de l'être de temps à autre.

Quelques témoignages des inondations régulières de La Mecque et de la Kaaba

Il semble donc **inimaginable** qu'un tel sanctuaire ait pu ainsi traverser les siècles depuis Abraham[96] dans ces conditions. Et a fortiori la cité commerçante prospère qu'on dit s'y être développée. D'ailleurs, on ne trouve avant la fin du 7e siècle aucune mention de cette ville, de son sanctuaire ancien, de son commerce, des pèlerinages qui auraient dû la nourrir[97]. Elle n'est signalée par aucun chroniqueur, aucun géographe, aucun témoignage explicite[98]. Elle n'est même pas citée dans

---

[96] Abraham aurait vécu environ entre -1900 et -1600 avant Jésus Christ selon les traditions musulmanes.

[97] La Mecque ne se situait pas sur la route de l'encens, et encore moins au croisement de routes commerciales majeures. Les traditions islamiques mentionnent que le commerce mecquois concernait le parfum du Yémen, le cuir, les chameaux et peut-être les ânes, le beurre clarifié et le fromage du Hedjaz. Qui donc les achetait pour n'en avoir laissé aucun témoignage ? L'industrie du parfum et du cuir était fort bien développée à Byzance, et les produits alimentaires et d'élevage étaient abondants en Syrie. Par ailleurs, les Mecquois sont dits par ces mêmes traditions ne pas commercer avec les pèlerins.

[98] Certains musulmans d'aujourd'hui s'efforcent désespérément d'exhiber ces témoignages malgré tout, obéissant au principe de logique à rebours qui a construit l'islam. Ils veulent les voir dans la déformation du nom de la Bakkah de Pétra, en Jordanie ou dans celui de la « Maccoraba » (« Makka-Rabba », la « Grande Mecque ») citée par Ptolémée (in *Géographie*, VI-7,32) mais placée dans le Nord de l'Arabie. Ptolémée indique aussi l'existence d'une « Makka » ou « Moka », placée quant à elle en Arabie Pétrée, à proximité de la Syrie (in *Géographie*, V-17,5). Cette Maccoraba serait à l'origine de la mention du « *portus Mochorbae* » chez Pline (in *Histoire Naturelle*, VI. 32/14), que les

la charte de Médine[99], le document le plus ancien revendiqué par l'islam. Et de plus, elle se situe à l'écart de tous les itinéraires caravaniers d'alors, abondamment documentés. Tout le contraire par exemple de Yathrib, signalée par les historiens, et où l'on a trouvé des vestiges archéologiques que l'on serait bien en peine de déterrer autour de la Kaaba, alors même que les Saoudiens en bouleversent aujourd'hui le sous-sol dans des travaux titanesques. Les graffitis dits « islamiques » du 7e siècle retrouvés en Arabie Saoudite ne mentionnent nullement cette ville ni son sanctuaire. Et d'ailleurs, les critiques contemporains des débuts de l'islam ne se sont pas privés de souligner ces absurdités : Jean de Damas pointait justement qu'il était impossible de trouver dans les environs de La Mecque le moindre bois nécessaire au sacrifice d'Abraham[100]. Il aurait pu ajouter qu'Abraham n'aurait jamais pu y trouver le moindre moyen de subsistance lui permettant de s'établir dans le milieu désertique de La Mecque pour y construire la Kaaba. Le Coran lui-même décrit les habitants de La Mecque, les supposés « polythéistes » auxquels s'adressent les prêches de Mahomet[101], comme des agriculteurs et des pêcheurs ! Ils cultivent le blé, les dattes, l'olivier, la vigne, les grenades. Ils mènent aux pâturages leurs troupeaux de chèvres, de moutons, de vaches et de chameaux. Ils naviguent en mer sur leurs bateaux à voile, et mangent des poissons et coquillages fraîchement pêchés. Comment imaginer la possibilité d'une telle abondance au beau milieu de la région désertique et montagneuse de La Mecque ?[102]

---

apologistes de l'islam veulent identifier d'autorité à Djedda (« le port de Mochorbae »), située à 80 km de La Mecque. Patricia Crone a minutieusement travaillé sur ces références antiques et réfuté leur lien avec La Mecque actuelle (à lire dans *Meccan trade and the Rise of Islam*).

[99] Relevé par A.L. de Prémare qui en a étudié la strate la plus ancienne : Mahomet, auteur de cette charte entre Emigrés et habitants de Yahtrib ne dit rien à propos de La Mecque.

[100] Dans son *Traité des Hérésies*, de 746 ; il y mentionne alors Isaac et non Ismaël.

[101] Nous verrons par la suite quel sens donner au « polythéisme » dont parle le discours musulman.

[102] Cela a été particulièrement démontré par Patricia Crone dans son article « How did the Quranic Pagans make a living ? », au fil d'une étude méticuleuse des versets coraniques. Son travail n'a jamais été réfuté - voir la référence en annexe.

Mais revenons à Muawiya, qui ne devait certainement pas se soucier de tels détails. Le transfert dans le Hedjaz de la forme sacrée cubique, du nom de « Kaaba[103] » et son attribution à Abraham lui permettent de justifier l'arabité de la « religion d'Abraham », **son antériorité et sa prééminence**. Mais ils ne peuvent répondre à eux-seuls à toute la succession de questionnements qu'induisent ces manipulations en chaîne. En ayant fait disparaître la source judéonazaréenne de la religion, les Arabes se retrouvent bien en peine d'expliquer comment ils en sont venus à connaître si bien cette volonté de Dieu qui les favorise tant. D'où proviennent ce Coran en formation et cette doctrine nouvelle ?

Le calife est le premier visé par ces questions puisqu'il est veut tirer de la religion la légitimité de son pouvoir. C'est donc naturellement au sein des milieux contestataires de l'autorité califale qu'elles vont entrer en résonance et trouver des réponses de nature à justifier cette contestation. En effet, occupé par l'offensive contre les Byzantins face à qui il est entré en campagne en 674 (allant jusqu'à assiéger Byzance), Muawiya n'a pu contenir la montée d'oppositions diverses à son pouvoir. L'oumma reste encore et toujours travaillée par les ferments de la guerre civile. Voilà qu'avec sa mort en 680, Muawiya, le monarque absolu et fondateur de sa dynastie, transmet un fort méchant héritage à son fils Yazid. Pourtant les structures du califat n'ont jamais semblé aussi fortes, tandis que le travestissement des mémoires et de la religion, la constitution de sa doctrine au service du pouvoir semblent lui apporter la légitimité qu'exige l'absolutisme. Mais **en profondeur, dans son cœur religieux, le califat est miné par la *fitna***. Elle va exploser dans une nouvelle guerre civile dès l'intronisation de Yazid. Ce sera la seconde *fitna* des traditions musulmanes.

---

[103] Un nom qui n'est pas sans rappeler « l'Abu Kaaba », haut lieu traditionnel des Arabes de Syrie (cf. carte de Dussaud, en page 60)

La deuxième guerre civile (680-685) : l'explosion du primo-islam

Il n'est certes jamais simple de succéder à un père monarque absolu, et encore bien moins dans les conditions dans lesquelles Yazid accède au pouvoir. Il est en effet le premier calife à tirer sa légitimité d'une succession dynastique – les précédents s'étant tous imposés par leur rang, leur détermination, voire par le coup de force. Fatalement, son autorité est remise en cause par de nombreuses factions, se réclamant d'une multitude de courants : des Qoréchites partisans de leurs propres clans, ne reconnaissant pas Yazid (pourtant Qoréchite lui-même), des familles et partisans des anciens chefs et califes assassinés, en particulier les partisans d'Ali et de son fils Hussein (qui sera lui aussi assassiné durant la *fitna*), des partisans d'Ali s'étant retournés contre lui (les Kharidjites), des partisans d'Ali opposés à son fils Hussein, des partisans des grands gouverneurs des territoires de l'empire, des mécontents de la tyrannie omeyade, des stipendiaires du régime, des chefs de guerre faisant sécession, ainsi qu'un calife alternatif et autoproclamé ... Un imbroglio d'autant plus complexe que les motivations politiques nourrissent les contestations d'ordre religieux, qui les justifient à leur tour. Certains s'affirment en effet plus légitimes que Yazid pour régner « au nom de Dieu ». Et comme nous savons désormais que ces contestations sont consubstantielles à la « religion d'Abraham » depuis qu'elle a échoué à faire revenir le messie à Jérusalem, comme nous savons qu'elles s'amplifient et se multiplient avec la succession de manipulations qu'elle subit depuis lors, nous comprenons un peu mieux ce **phénomène récurrent de guerre civile**, un phénomène qui semble n'avoir pas de fin.

En particulier, le calife va être contesté en étant opposé à la figure de l'ancien meneur qui avait galvanisé les héros de l'Hégire, certains se souvenant encore de son rôle dans la prédication de la « religion d'Abraham ». Ce meneur, surnommé Muhammad (Mahomet), n'apportait pourtant rien de nouveau, ne faisant que transmettre la doctrine judéonazaréenne. Mais près de soixante-dix ans avaient passé depuis la première conquête de Jérusalem (614), une cinquantaine depuis sa mort. L'oubli relatif dans lequel il est tombé et surtout l'effacement de ses maîtres judéonazaréens permettent d'enjoliver les témoignages rappelant sa mémoire[104]. Puisqu'il prêchait, pourquoi ne pas croire et faire croire et faire croire qu'il ait été un **envoyé de Dieu**, un « rasul »[105] ? Voici donc venir **l'invention du prophétisme**, qui permettra par la suite de fonder le texte coranique comme révélation nouvelle. Historiquement, la prédication de Mahomet ne présentait pourtant rien de tel. Il n'était qu'indirectement lié aux textes aide-mémoire qui reproduisaient en arabe les prédications diverses des judéonazaréens, et à partir desquels s'élaborait alors à grand peine le recueil coranique (on peut voir originellement dans ces feuillets le travail de celui que la tradition islamique a appelé Waraqa).

Vers les années 680 apparaissent ainsi pour la première fois des mentions de Mahomet[106], qualifié de « rasul », parmi les partisans d'Ali et de ses fils qui s'opposent frontalement au pouvoir du calife. Il est bien utile d'avoir avec soi l'autorité d'un envoyé de Dieu lorsqu'on conteste celui qui prétend régner au nom de Dieu. Et il semble d'autant plus commode

---

[104] C'est le matériau de base qui constituera les hadiths.

[105] Bien plus qu'un simple prophète (« nabyi » en arabe), un « rasul » est envoyé par Dieu, comme un « messager » ou « apôtre », pour accomplir une mission (donner un livre). La *« religion d'Abraham »* prêchée par les judéonazaréens n'en connaissait que deux, Moïse et Jésus.

[106] La controverse de 644 entre le patriarche jacobite de Syrie Jean 1er et l'émir Saïd ibn Amir, gouverneur d'Homs et **compagnon de Mahomet**, ne mentionne encore aucun prophète, ni prophétie (ni Coran, d'ailleurs). Le patriarche Sophrone de Jérusalem n'en parle pas davantage dans ses chroniques pourtant très détaillées. Les graffitis dits islamiques d'Arabie Saoudite ne le mentionnent pas avant 687 : http://www.canalacademie.com/ida10344-Graffiti-islamiques-du-debut-de-l-islam-nouvelles-decouvertes-en-Arabie-Saoudite.html

d'associer Ali à la mémoire de Mahomet, son cousin, son beau-père, son ancien commandant et compagnon d'armes, que le défunt Ali n'est plus là pour en témoigner. Que ne l'avait-il fait lui-même, du temps de son califat, pour mieux asseoir son autorité et faire taire ses opposants, Muawiya en tête ! Ces considérations n'arrêteront pas les partisans d'Ali, ni les autres opposants au calife. Ils trouvent, en instrumentalisant l'autorité qu'ils décident d'attribuer au « rasul », un moyen bien avantageux pour rejeter celle du calife (Yazid), celle de cette haïssable lignée omeyade, leur bête noire de toujours. En réaction, évidemment, le califat affirmera la supériorité de son autorité sur celle du « rasul »[107]. L'apparition d'un prophétisme arabe rajoute ainsi à la discorde au sein de l'oumma. Ce prophétisme n'est pourtant, on le voit bien, qu'un des résultats des contradictions inhérentes à la manipulation religieuse, de ces contradictions qui bourgeonnent dans la contestation politique du calife.

Du bouillonnement de cette deuxième *fitna*, il faut retenir tout d'abord la montée en puissance d'Abd Allah Ibn al-Zubayr[108], plus ou moins lié à Ali et Hussein, qui refuse d'emblée l'autorité de Yazid, et établit son propre califat au « sanctuaire d'Abraham » (La Mecque). Il est **le premier à se réclamer de Mahomet**. Il attaque ainsi l'autorité du calife au moyen de celle de l'envoyé de Dieu – autorité qu'il semble ainsi s'approprier, se présentant lui-même comme un nouveau « béni » ou « très loué », « envoyé de Dieu » en associant la formule « muhammad rasul Allah » à son effigie sur les pièces qu'il fait frapper. Ces pièces (à voir en page suivante) sont le premier témoignage « islamique » de l'Histoire à mentionner

[107] C'est attesté dans une lettre d'Hajjaj, grand chef militaire du futur calife Abd Al-Malik, lorsqu'il sera pour lui le gouverneur de l'Iran.

[108] Selon certaines traditions musulmanes, Zubayr fut un jeune compagnon du prophète, chargé par la suite par le calife Otman de la compilation et de la diffusion du Coran (avec Zayd). Fut-il lui aussi un des prédicateurs arabes des judéonazaréens ? Ce pourrait être possible, bien que ces mêmes traditions le fassent naître au début de l'Hégire.

Pièces frappées à l'effigie d'Abd Allah ibn al-Zubayr (685/686)
La troisième pièce, présentée par Tom Holland dans son documentaire « Islam, the Untold Story» *(© BBC-Tom Holland)*. Y est inscrit « mhmd rswl llh » (**Mahomet envoyé de Dieu**)

Mahomet, vers 685 ou 686 (le terme d'islam n'étant pas encore utilisé pour nommer la « religion d'Abraham »).

Ibn al-Zubayr parvient à dominer tout le Hedjaz jusqu'au Yémen, à l'Iraq, à l'Egypte et même à s'assurer certaines positions en Syrie. A noter que le sanctuaire d'Abraham construit par Muawiya à La Mecque fut détruit par un incendie en 683 (un aléa de la guerre civile ?), et que Zubayr, maître des lieux, le fit reconstruire dans une curieuse forme d'hémicycle[109], autre preuve s'il en était besoin de la considération toute relative dont le « masjid ibrahim » faisait l'objet à cette époque.

Yazid, quant à lui, eut un règne fort court, sans expansion territoriale (on observa plutôt un certain reflux) du fait des tourments de la guerre civile, et particulièrement de sa lutte face à Ibn al-Zubayr. On rapporte sa mort en 683 d'un accident de cheval à l'issue d'une bataille contre le parti d'Ibn al-Zubayr. S'ensuit une période des plus troublées, sur laquelle la vérité historique n'est pas sûre. Les traditions

[109] Selon M. Gaudefroy-Demombynes, qui a étudié cette reconstruction alors réalisée en faisant appel à des ouvriers syriens et perses. C'est à ce moment que les mosaïques arrachées à la cathédrale de Sanaa furent incorporées au pavement du sanctuaire, et que ses colonnes furent prises pour servir à l'édification du « masjid » qui l'entoure.

musulmanes qui rapportent ces événements sont très difficiles à démêler tant elles les ont enjolivés a posteriori (toujours dans la même logique de justification à rebours). Le fils de Yazid, Muawiya II, devient ainsi calife, mais aurait abdiqué très rapidement, au bout de quatre mois, par refus de s'opposer à Ibn al-Zubayr et par répugnance à faire couler le sang dans des luttes fratricides. Il serait mort très peu de temps après d'une cause naturelle[110].

Selon la tradition musulmane, Marwan, son cousin issu de germain, également cousin d'Otman, lui succède, provoquant un changement du clan régnant dans la dynastie omeyade dont il devient le quatrième calife (toujours un Qoréchite, donc). Il meurt également très peu de temps après son couronnement, dans des circonstances peu claires (assassiné par sa femme ?). Le peu dont nous disposons par les sources musulmanes à propos de ces deux califes aux règnes bien énigmatiques est très révélateur du travail de réécriture de l'histoire qui sera poursuivi dans les siècles suivants par des « historiens » musulmans. Leur premier objectif était de tenter de donner aux débuts de l'islam une apparence moins terrible que ce qu'elle fut, entre autres en masquant les sources réelles de la *fitna* (toujours cette logique à rebours). Au total, on se souvient principalement de Marwan pour le fils qui lui succède en 685, le nouveau calife de Damas Abd Al-Malik. Celui-ci laissera une forte empreinte dans l'histoire musulmane comme **personnage clé dans l'unification de l'empire arabe et dans la construction du futur « islam »**.

[110] C'est la version très contestable de l'histoire des successeurs de Yazid que propose le chroniqueur et « historien » musulman Tabari (enfin, un homme qui s'est révélé davantage manipulateur et hagiographe qu'historien). Il en rendit compte dans ses chroniques au 10e siècle, plus de 200 ans après les faits. Les traditions sunnites et chiites présentent d'ailleurs des versions différentes de la fin du califat de Muawiya II.

Abd Al-Malik (685-705) : les fondations de l'islam

Abd Al-Malik présente cette figure de souverain fort qui a ponctué l'histoire des conquérants arabes. Se revendiquant comme le seul et unique calife, il s'emploie dès les débuts de son règne à reprendre le contrôle de l'oumma : il consolide ses positions initiales, puis, une fois assurées ses bases, de Damas à l'Egypte en passant par Jérusalem, il peut alors résorber « l'anticalife » Abd Allah Ibn al-Zubayr. Il s'appuiera sur le général Hajjaj, qui fut pour lui à la fois un grand ministre et un grand chef de guerre. Celui-ci s'étant distingué dans la campagne victorieuse contre Musab Ibn al-Zubayr, frère d'Abd Allah, qui régnait sur la Mésopotamie (peu ou prou l'actuel Irak), Abd Al-Malik l'enverra régler le compte d'Abd Allah, retranché avec ses armées autour de La Mecque. Le rebelle finira décapité et crucifié en 692, et ses partisans massacrés sans pitié.

Eradiquant ainsi toute opposition et reprenant les guerres de conquête, notamment en Afrique du Nord et contre Byzance, le calife et son ministre travaillent à l'**unification politique et militaire** de l'oumma. Ils réorganisent le califat par des réformes centralisatrices, inspirées notamment du fonctionnement de l'empire byzantin (les experts chrétiens et juifs anciennement à son service ont été mis à contribution). Notons en particulier la création d'un service de poste, l'institution d'une monnaie nouvelle, marque d'un Etat souverain - le dirham frappé à l'effigie du calife - et l'imposition de l'arabe comme langue officielle (de la cour). La langue écrite va ainsi être fixée vers la fin du 7e siècle et évoluera relativement peu jusqu'à l'arabe littéraire actuel. Ce dernier élément se révélera décisif d'un point de vue religieux, puisque ce travail de « fabrication » de la langue arabe mené par des grammairiens ira de pair avec le travail d'interprétation et de fixation (jusqu'aux voyelles) du texte coranique. Ce dernier pourra être diffusé plus largement au sein de l'oumma - mais pas trop tout de même, restant en principe réservé à l'usage des chefs religieux, à l'appui des discours justifiant la supériorité des Arabes, leur domination voulue par Dieu et leurs conquêtes.

Pièce frappée à l'effigie d'Abd Al-Malik (696) mention à gauche de *MHMD RSWL LLH* (« Muhammad rasul Allah »)

Parallèlement à la reconquête politique, Abd Al-Malik se livre donc lui aussi à un travail de remaniement de la « religion d'Abraham » héritée des Emigrés, dans une logique de justification de son propre pouvoir. En effet, plutôt que de s'opposer frontalement à la figure de Mahomet que l'on avait exhumée (notamment par Zubayr) pour déstabiliser l'autorité califale, Abd Al-Malik (avec ses conseillers) va avoir le génie de récupérer cette figure à son profit en la développant dans son propre canon religieux. A partir de 690, on voit ainsi se multiplier les affirmations du prophétisme de Mahomet par Abd Al-Malik lui-même : sur le Dôme du Rocher qu'il construit, comme nous allons le voir, sur les pièces de monnaies frappées à partir de 690, révélant les mentions « Muhammad rasul Allah » (« Mahomet est l'envoyé de Dieu » ou « Béni soit l'envoyé de Dieu »).

Abd Al-Malik reprend donc à son compte la figure de Mahomet. Il revendique la révélation que celui-ci aurait apportée et l'autorité « d'envoyé de Dieu » (c'est le sens de l'association sur ces pièces de l'effigie du calife à la formule « muhammad rasul Allah »). Il fonde ainsi l'origine divine de son pouvoir et justifie ses prétentions de conquête du monde. Mieux, en se posant comme successeur de Mahomet, il s'attribue également son autorité religieuse, son statut de commandeur des croyants – et par là, il démonte l'argument principal des critiques qui lui opposaient l'autorité du « rasul » (cf. note 105). Dans ce but, il fera collecter et refondre les monnaies représentant Zubayr comme « rasul Allah » pour les remplacer par les siennes. C'est sous la férule d'Abd Al-Malik que la paternité du Coran sera attribuée au nouveau prophète Mahomet : le texte enfin fixé, il fallait lui donner un auteur. Il fallait surtout empêcher de laisser les opposants au pouvoir califal s'approprier la figure de Mahomet. Les modalités de la révélation restent encore assez floues[111] ; elles n'en établissent pas moins la rupture définitive avec les origines judéonazaréennes, fondant une religion qui se veut inédite, comme le révèle la construction du Dôme du Rocher.

Que signifie en effet ce Dôme du Rocher qu'Abd Al-Malik fait édifier à Jérusalem ? Le sens de cet édifice continue d'intriguer les historiens tant ils ne peuvent se départir des présupposés de l'histoire islamique (en particulier la pseudo-primauté de La Mecque). Construit à la fin du 7e siècle (il y a débat sur la date avancée de 692 comme correspondant aux débuts des travaux ou à leur achèvement), ce monument de prestige qui domine de sa splendeur tous les monuments religieux de Jérusalem (du moins ce qu'il restait des églises et sanctuaires chrétiens[112] après les destructions du siècle – Jérusalem et la Palestine étant encore majoritairement chrétiennes) célèbre **l'affirmation d'une religion nouvelle**[113] supposée coiffer toutes les autres, sous l'autorité du calife. Nous savons désormais que s'y élevait auparavant le « masjid Umar », le lieu de prosternation d'Omar (raison pour

---

[111] Les modalités concrètes de la révélation à Mahomet ont été longtemps fluctuantes. Saint Jean Damascène (Jean de Damas) écrivait en 746 (*Traité des Hérésies*) que les maîtres musulmans de Damas lui affirmaient que Mahomet l'avait reçue durant son sommeil. Il n'était alors pas encore question d'ange Gabriel.

[112] Les archéologues ont retrouvé en 1992, entre Jérusalem et Bethléem, les vestiges d'une église monumentale, l'église de la Kathisma. Antérieure au Dôme du Rocher, présentant elle aussi un plan en triple octogone centré sur un rocher, tout indique qu'Abd al Malik s'en soit inspiré pour la construction de son propre monument. Elle a été transformée en mosquée par les Arabes, puis détruite au 11e siècle.

[113] Religion nouvelle qui s'appelle toujours « religion d'Abraham » ; on verra apparaitre la dénomination d'islam vers l'an 720. Voir à ce sujet les travaux de Manfred Kropp (ses conférences au Collège de France sont référencées en annexe).

laquelle le Dôme du Rocher continue encore d'être appelé traditionnellement mosquée d'Omar[114]), c'est-à-dire le cube construit par les judéonazaréens à l'emplacement supposé de l'ancien temple de Jérusalem. Lorsqu'Abd Al-Malik accède au pouvoir, il en reste cet édifice restauré sous Muawiya et attesté par les chroniques des voyageurs (voir le témoignage d'Arculfe, cité en note 92).

Le nouveau sanctuaire du calife va détourner la mémoire « abrahamique » que certaines traditions juives (et la foi judéonazaréenne) rattachaient au sommet du Mont du Temple, identifié au mont Moriah, comme lieu du sacrifice d'Isaac : il fait de ce sommet – qui formait peut-être la base de l'ancien autel des sacrifices au temps du temple juif – le centre de son Dôme, autour duquel les croyants sont invités à déambuler. Ce faisant, Abd al-Malik s'écarte du sens eschatologique premier du cube judéonazaréen au profit de la célébration de ce qui semble bien être la volonté de **placer les trois « religions abrahamiques » sous son autorité** – c'est ce que suggèrent les inscriptions relevées sur ses mosaïques. Le Dôme du Rocher est donc dépourvu de *qibla* (mecquoise ou autre) : il est centré sur lui-même. C'est un peu plus tard qu'Abd Al-Malik intégrera La Mecque à son corpus religieux, affirmant ainsi son imperium sur l'ancien fief de son concurrent Ibn al-Zubayr. Le sanctuaire qu'il y fera reconstruire aura la forme approximative d'un cube (à la place, semble-t-il, de l'hémicycle antérieur), et les figures d'Abraham et d'Ismaël y seront rattachées, vidant provisoirement de sa signification le rocher du dôme homonyme de Jérusalem (nous verrons comment le discours musulman évoluera pour intégrer ce rocher à son corpus).

---

[114] Les historiens ne comprennent d'ailleurs toujours pas ce surnom. Miryam Rosen-Ayalon, écrit ainsi « [qu'] *en dépit du nom de « mosquée d'Omar » qui lui est souvent attribuée, il ne s'agit pas d'une mosquée et on ne peut, en aucune façon, l'attribuer au calife Omar* » (dans « Art et archéologie islamiques en Palestine »). Effectivement, ce serait alors la seule mosquée à ne pas présenter de *qibla*, c'est-à-dire de direction extérieure pour la prière (et encore moins de *qibla* dirigée vers La Mecque). Ils oublient simplement le cube antérieur, construit par les Emigrés, et la raison de sa construction.

Prophétisme, Coran, parachèvement des religions abrahamiques ... Nous assistons sous Abd Al-Malik à la **liaison de l'ensemble des éléments fondateurs du futur islam**. Ils sont mis au service d'un discours qui commence à afficher pour la première fois une cohérence, une logique interne tangible depuis l'escamotage du fondement judéonazaréen. Pour le comprendre, il faut représenter la façon dont la « religion d'Abraham » a été profondément modifiée au service des intérêts des chefs arabes. Ses manipulations successives n'ont cessé d'en déclencher de nouvelles, comme l'explicite le schéma suivant.

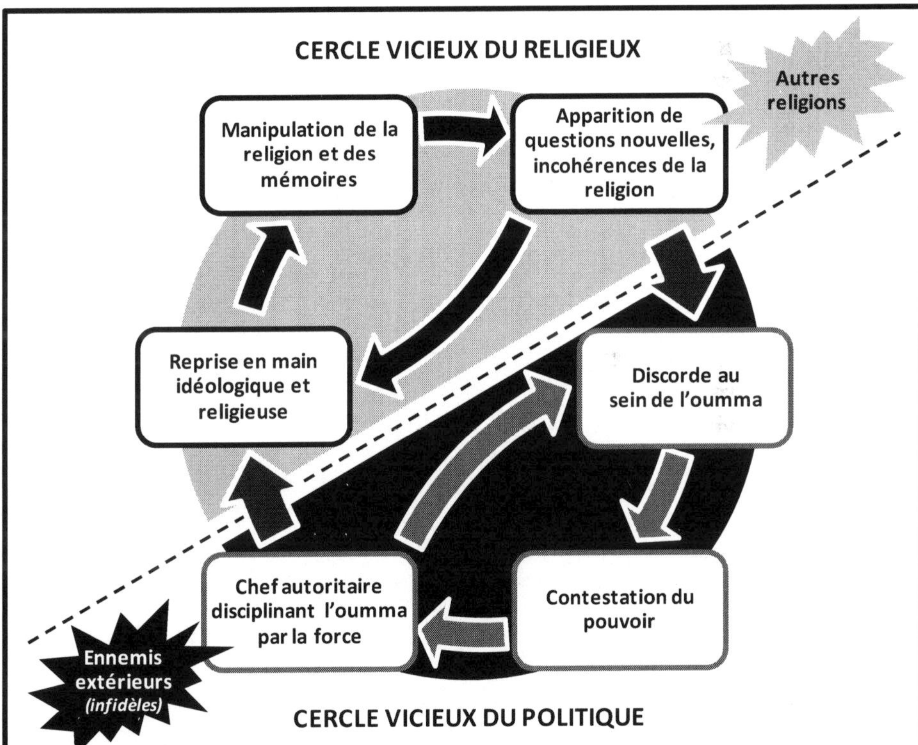

Mécanisme interne du primo-islam (7-8ème siècles) ayant conduit à la formation de l'islam

LE GRAND SECRET DE L'ISLAM – http://legrandsecretdelislam.com

Détaillons les facteurs extérieurs y figurant qui ont pesé sur la « religion d'Abraham » :

- Les incohérences de cette religion peuvent être dénoncées par des **critiques externes**, juives et chrétiennes notamment. Cela expliquera le grand soin qui sera porté à empêcher les non-musulmans d'accéder aux textes musulmans d'une part, et à empêcher les musulmans d'accéder aux textes des autres religions (ou de se les faire expliquer et prêcher), d'autre part. La simple présence de ces autres religions, cohérentes, dotées d'écrits sacrés, de lieux saints et de prophètes agit comme aiguillon pour l'évolution de la « religion d'Abraham » : celle-ci se veut « supra-confessionnelle », c'est-à-dire au dessus de toutes et parachevant toutes les révélations. Il faudra absolument qu'elle puisse donner, au moins en apparence, les gages de cette prétention à se présenter comme une religion véritable, fondée et honorable. Dans les faits, sa supériorité tiendra cependant davantage de la coercition exercée intérieurement sur l'oumma et extérieurement sur les infidèles.
- Le pouvoir du chef peut être contesté par les **adversaires extérieurs** de l'oumma, comme par exemple l'empire byzantin - contesté ou a contrario renforcé en cas de victoire et de conquête de nouveaux territoires.

Ce qui a déclenché ce mécanisme est l'escamotage des judéonazaréens en 640, la première des manipulations. Depuis, celles-ci n'ont fait que se succéder, chaque calife tentant à la fois de contrôler l'oumma par la force et de justifier son pouvoir par cette logique à rebours de reconstruction de la religion et de l'histoire. Le phénomène n'a cessé de se répéter, ajoutant couche de manipulation sur couche de manipulation à la « religion d'Abraham » prêchée par les judéonazaréens. Laquelle religion était elle-même fondée sur le **projet fou de parvenir à éradiquer le mal de la terre** – finalité que les Arabes, débarrassés des judéonazaréens, ont reprise à leur compte en en changeant les modalités. C'est ainsi que petit à petit, de destruction en réécriture, le phénomène produit le visage d'une religion nouvelle. Il amène tout aussi bien son lot de discorde, de guerre civile et de violence, et bien plus, il s'en nourrit : avant même d'entrer en guerre contre le monde, cette religion, le futur islam, est déjà par nature en guerre contre elle-même.

Par sa très ferme prise en main de l'oumma, Abd Al-Malik aura réussi le tour de force de ralentir, de calmer quelque peu ce cycle infernal, en parvenant à un certain équilibre entre le religieux et le politique. Il s'est appuyé sur deux leviers principaux : d'une part, l'affirmation du pouvoir califal, un **pouvoir fort**, centralisé, mieux organisé, à même de juguler plus ou moins efficacement les discordes au sein de l'oumma ; de l'autre, la constitution d'un corpus religieux répondant mieux aux besoins idéologico-politiques.

Ainsi, la religion islamique commence à prendre forme sous Abd Al-Malik même si La Mecque, par exemple, n'a pas encore le statut dont elle bénéficie aujourd'hui. C'est avec lui que se fixent les éléments fondamentaux, les piliers et la vision du monde qui la structureront et lui feront traverser les siècles. Ces mêmes fondamentaux que nous avons cités précédemment dans la description du dogme musulman (page 21). Tout s'articule désormais de façon à peu près cohérente autour des concepts de volonté divine, de révélation de cette volonté par une succession de prophéties parachevée par la dernière, de livre saint, de lieu saint et de communauté élue pour porter et accomplir cette volonté dans le monde entier. Le temps du « proto-islam », celui des Arabes et de leur allégeance aux judéonazaréens, est bel et bien révolu. Le temps du « primo-islam », celui des chefs arabes tentant tant bien que mal de justifier leur domination est en train de s'achever. **Le temps de l'islam va pouvoir s'ouvrir**.

DE L'INVENTION DE L'ISLAM À SA CRISTALLISATION

Nous allons maintenant observer comment la religion islamique va se former à partir du legs d'Abd Al-Malik. Dans les trois à quatre siècles qui vont suivre, l'islam se dotera du système de dogmes et d'histoire sainte que l'on connaît aujourd'hui. Leur implacable cohérence interne proviendra de leur construction a posteriori, dans cette logique d'autojustification que nous avons déjà vue à l'œuvre. Voici comment.

L'invention du voyage nocturne

Abd Al-Malik meurt en 705. Avec lui s'efface de fait la primauté de Jérusalem comme lieu des trois religions soumises à l'imperium du grand calife. La ville sainte s'efface au profit de La Mecque à laquelle les successeurs d'Abd al-Malik rattacheront le culte de Mahomet. C'est ce que signale la prolifération des *qibla* mecquoises (dirigées vers La Mecque) à partir du 8e siècle. Ainsi La Mecque devient la grande ville sainte de la nouvelle religion en formation. Mais alors, comment expliquer et récupérer le statut de sacralité conservé par Jérusalem malgré tout ? Comment expliquer la présence et le sens du Dôme du Rocher ? Comment expliquer tous ces efforts arabes tendus vers la conquête de Jérusalem ? Faudrait-il abandonner Al-Quds, la ville sainte, aux Juifs et aux chrétiens ?

La sacralité de Jérusalem va alors être justifiée par une création très importante pour la religion nouvelle : elle tient un rôle éminent dans la cohérence de la foi musulmane et la sacralisation du Coran lui même. C'est probablement au 9e siècle que se fera **l'invention du voyage nocturne** (« al-isra wa'l-miraj », ou « le voyage nocturne et l'ascension »), dont on a expliqué en préambule le rôle dans l'islam (page 13). Dans une imitation troublante de la tradition juive ancienne du propre voyage du patriarche Moïse au ciel[115], les maîtres de la religion (le calife et ses conseillers) ont ainsi créé toute cette histoire censée interpréter et expliciter un seul verset, celui qui ouvre la sourate 17 (et qui lui donne son titre, « Le Voyage Nocturne », sans qu'il y soit d'ailleurs plus jamais fait référence dans ses 110 versets suivants)[116]. Non seulement cette histoire permet-elle de donner le sens de Kaaba à la « mosquée sainte » mentionnée si souvent dans la sourate[117] (et permet ainsi de forcer le Coran à mentionner une Mecque qu'il ignore totalement), mais elle permet aussi au Coran de témoigner du passage de Mahomet à Jérusalem, justifiant par là son statut de ville sainte[118] et la dévotion rendue au fameux rocher, au centre du dôme du même nom. Ce rocher deviendrait alors, selon la légende du voyage nocturne, le point d'envol de Mahomet vers le ciel.

Nous sommes là en plein dans cette sempiternelle logique de **construction à rebours**, partant d'une conclusion préétablie

---

[115] La Torah fait monter Moïse au sommet du mont Sinaï (le ciel) pour y rencontrer Dieu et y recevoir les tables de la loi ; les textes explicites lus lors de certaines fêtes juives détaillent par ailleurs un véritable voyage aux cieux, qui lui fait voir la « Torah céleste » : Dieu y dit ainsi de Moïse « *Je lui ai permis d'entrer à l'intérieur* [du Ciel] *pour lui donner la prisonnière des hauteurs* [la Torah], ... , *pour qu'il enseigne à mes enfants tout ce qui y est écrit* ».

[116] s17,1 : « *Gloire et pureté à celui qui de nuit fit voyager son serviteur* ***de la mosquée sainte*** **[haram]** ***à la mosquée éloignée*** **[al aqsa]** ***dont nous avons béni l'alentour*** [voici l'ajout réalisé au 8 ou 9e siècle], *afin de lui faire voir certaines de nos merveilles. C'est lui vraiment qui est l'audient, le clairvoyant* ».

[117] Mosquée sainte, ou littéralement « masjid al **haram** », lieu de prosternation **interdit** (c'est le sens premier du mot), voué à l'interdit, c'est-à-dire **sacré**. Voué à l'interdit car détruit ; il s'agit en fait des ruines du temple de Jérusalem, objet des dévotions des judéonazaréens.

[118] Mahomet avait pourtant « visité » Jérusalem lors de l'expédition perse de 614, mais ce souvenir ne pouvait plus avoir droit de cité une fois escamoté le fait judéonazaréen. Que serait-il venu y faire à ce moment de son histoire telle qu'elle fut réécrite ?

pour en imposer les causes et le raisonnement : comme il faut justifier le culte de ce rocher, l'intérêt porté par l'islam à la ville de Jérusalem (et au passage la sacralité du Coran), une histoire plausible qui explique ce culte est inventée. Et comme effectivement elle l'explique, la logique interne du discours religieux s'en trouve ainsi renforcée.

Mais le développement proposé par la légende autour de ce seul verset va beaucoup plus loin : en faisant monter Mahomet au ciel pour y recevoir la révélation, il justifie le caractère divin de sa mission de prophète. En l'y faisant observer un « Coran céleste », une « *mère des écritures* »[119], il justifie le caractère sacré et absolu du Coran bien terrestre que réécrivent les conseillers du calife. Et si Mahomet doit oublier la révélation qu'il en a reçue au ciel, c'est pour justifier les nombreuses mentions à un « coran », mentions présentes au sein du Coran musulman. Car sans cela, ces mentions se révèleraient fort embarrassantes : comment un livre en train d'être patiemment reçu verset après verset par Mahomet de la bouche de l'ange Gabriel, puis en train d'être écrit sous la dictée de Mahomet[120] pourrait-il faire référence à lui-même comme à un tout déjà terminé, déjà écrit ? Nous avions vu précédemment (page 61) que ce Coran déjà terminé renvoyait en fait aux lectionnaires des judéonazaréens. Mais dans la surréalité que constitue la légende musulmane, cela ne peut être possible. Il fallait donc **trouver une autre explication**, aussi improbable soit-elle : un Coran céleste, immuable et intangible, quitte à convoquer pour cela cheval ailé, déplacement à la vitesse de l'éclair (2 400 kilomètres en une nuit pour le seul aller-retour La Mecque-Jérusalem), entrevues avec les prophètes d'antan ou encore visite du paradis et de l'enfer ... L'invention de cette légende procède certainement d'une construction théologique subtile et

[119] Nous verrons un peu plus loin, en page 149 ce que signifie cette énigmatique expression de « *mère des écritures* » ou « *Ecriture-mère* ».
[120] Rappelons que la tradition musulmane stipule que le Coran a été révélé à Mahomet et prêché par lui, et écrit sous sa dictée par ses scribes et compagnons entre 610 et 632.

progressive. Mais l'ajout manifeste des mentions à la mosquée sacrée et à la mosquée lointaine réalisé alors dans le texte coranique ne procède, quant à lui, certainement pas d'une grande subtilité : toujours dans cette logique de justification à rebours, il mentionne arbitrairement cette « *Mosquée Lointaine* » (« masjid al aqsa ») faisant référence à la mosquée construite non loin du Dôme du Rocher, sur l'ancienne esplanade du temple de Jérusalem, vers 710-715. Mahomet, qui serait mort vers 632, n'a évidemment jamais pu contempler de son vivant cet édifice[121], et encore moins laisser les empreintes des sabots de son cheval ailé sur le rocher du Dôme, lequel était à l'époque recouvert par les ruines des siècles passés.

Nous touchons ici à l'un des paradigmes nouveaux que doit affronter cette religion : Abd Al-Malik a grandement contribué à fixer la langue arabe en l'établissant comme langue officielle. Avec la diffusion du Coran qu'il avait ordonnée sur une assez large échelle, il est donc devenu de plus en plus difficile de s'y livrer à des corrections ou à des ajouts (les traditions islamiques mentionnent cependant la destruction de recueils coraniques hétérodoxes se poursuivait toujours au 8e siècle, par Hajjaj en particulier), comme cela avait pu être le cas auparavant (souvenons nous par exemple des interpolations du terme « *nasara* » – cf. note 84). Désormais, pour tenter de justifier le discours islamique, les ajouts directs au texte coranique seront de plus en plus rares : il faudra construire autour.

Toute une **tradition extérieure au texte** va donc se développer. Elle cherchera à interpréter celui-ci en fonction de ce qu'il est utile de lui faire dire. C'est l'exemple même du

[121] Initialement, le Dôme du Rocher ne mentionnait d'ailleurs aucunement ce voyage nocturne : aucune inscription remontant à Abd al Malik n'y fait référence, alors même que, dans l'islam d'aujourd'hui, ce monument est censé avoir été construit pour honorer le rocher, point d'envol de Mahomet au ciel. C'est un indice de plus de l'invention tardive de cet épisode du voyage nocturne.

récit du voyage nocturne. Sans changer le texte (du moins son « ductus » ou « rasm » en arabe), des modifications de son sens seront introduites par l'adaptation de son diacritisme, de ses voyelles[122], ou plus simplement par le **glissement du sens des mots**, notamment des noms de lieu qui peuvent être facilement réinterprétés. Le site de la Kaaba se voit attribuer la dénomination de La Mecque (nom venant de Syrie et de la Bible) et la « Mosquée Sacrée » (le « masjid al haram[123] » désignant initialement dans le proto-coran les ruines du temple de Jérusalem) devient le nom de l'emplacement mecquois de la Kaaba. Le texte coranique n'est sans doute pas étranger au choix du site et du nom de Makka pour le nouveau centre de pèlerinage. Dans le verset 24 de la sourate 48[124], il est question d'un « makka » (creux, vallon, vallée). Si l'on torture suffisamment le sens de ce verset et de ceux entre lesquels il s'insère, « makka » pourrait très bien correspondre à la géographie environnant la Kaaba de La Mecque, effectivement construite dans une cuvette. C'est d'ailleurs l'unique occurrence du terme « makka » dans l'ensemble du Coran. A l'appui de cette affirmation, on fera encore glisser le sens des mots en baptisant arbitrairement les lieux environnant La Mecque de noms déjà présents dans le Coran, comme la colline Al Qubays (voir note 81). C'est ainsi que tout devient clair, justifié, et cohérent en islam : il suffit de réécrire l'Histoire et de refaire la géographie dans le sens voulu.

[122] Les feuillets initiaux qui ont donné le Coran ne comportaient pas de voyelles. Comme le syriaque ou l'hébreu liturgique, ils étaient écrits uniquement avec des consonnes. De plus, de nombreuses consonnes s'écrivant avec les mêmes graphèmes, on ne peut les différencier à l'écrit sans l'ajout de signes diacritiques (des sortes d'accent) qui indiquent au lecteur quelle lettre il faut lire (jusqu'à cinq consonnes différentes pour une même lettre, selon le diacritisme). Le travail de vocalisation et de précision du diacritisme sera finalisé au 10e siècle.

[123] Voir note 117

[124] « *C'est Lui qui vous a épargnés, comme à vos ennemis, les coups que vous pouviez vous porter les uns aux autres, dans* ***la vallée*** **[de La Mecque]**, *tout en vous donnant la victoire sur eux. Dieu a une claire vision de vos actes* » (s48,24) ; nous expliciterons ce verset en page 163.

Fabriquer l'Histoire

Tout au long des siècles qui suivront Abd Al-Malik, on voit proliférer une **véritable industrie du hadith**, au service de la construction de cette tradition extérieure au texte, de ce discours parallèle au Coran. Le rôle éminent attribué à Mahomet, son caractère de norme de l'islam vont doper les mémoires, jusqu'à enjoliver, voire recréer le personnage historique et les événements du proto-islam. Un fonds de vérité reste parfois accessible, notamment dans certains hadiths étonnamment hétérodoxes comme celui de Boukhari mentionnant que « *lorsque Waraqa est décédé, la révélation s'est tarie* ». Ou dans celui de Muslim mentionnant que « *le prêtre Waraqa écrivait le Livre hébreu* [la Torah]. *Il écrivait de l'Evangile en hébreu ce que Dieu voulait qu'il écrive* ».

Mais les nécessités de justifier a posteriori un texte coranique devenu bien difficile à comprendre au fil de ses manipulations et la volonté du pouvoir politique de se justifier par le religieux[125] vont provoquer la démultiplication jusqu'au grotesque du nombre des hadiths. On atteindra ainsi un nombre délirant de hadiths, estimé à plus d'un million et demi, soit 137 hadiths pour chacune des journées vécues par Mahomet, en considérant que sa « vie active » aurait duré 30 années (le trait est un peu grossi, certains hadiths ne traitant pas de Mahomet mais d'éléments de contexte, de l'histoire des premiers compagnons après la mort de Mahomet, et de nombreux hadiths étant redondants). Dans un souci de légitimation de son discours, l'islam (sunnite) classifie ce

[125] Si le Coran peut déjà présenter des commandements de haine et de violence, on trouve parmi la multitude des hadiths (et notamment des hadiths considérés comme les plus authentiques) des commandements parfois bien pires et absolument non équivoques. Décrivant le comportement normatif de Mahomet ou bien ses instructions elles-mêmes, ils ont formé le substrat de la charia, la loi islamique. Et lorsque certains musulmans affirment que ces commandements de violence ne se trouvent pas dans le Coran, ils omettent de dire que ce sont les hadiths qui l'ordonnent. C'est le cas par exemple de l'obligation de lapidation de la femme adultère.

million et demi de hadiths selon leur degré de fiabilité selon la solidité supposée de leurs chaînes de transmission orale (« l'isnad »). Mais ces dernières étant purement déclaratives, elles se révèlent elles aussi sujettes à caution. Les auteurs de hadiths considérés comme les plus sérieux, Boukhari et Muslim, en ont écrit environ 17 000 à eux deux (soit environ 7 000 hadiths différents si l'on élimine les doublons, ce qui revient à un hadith par journée de Mahomet). Il faudrait y ajouter les recueils d'Al Nasai (Sunan al-Sughra), d'Abu Dawood, d'Al Tirmidhi ou d'Ibn Majah, considérés eux aussi comme des sources très fiables (mais un peu moins que les deux premiers). Tous ces auteurs ont écrit entre la fin du 9e siècle et le tout début du 10e, mais bien d'autres compilations sont apparues avant et surtout après cette période.

La production de ce discours, encadrée (et rémunérée) par l'autorité politico-religieuse des califes de Bagdad, mènera à l'**écriture de la *sîra***, la biographie officielle de Mahomet, incluant sa généalogie et tous les événements de sa vie. Elle donne les clés de lecture du Coran pour les musulmans à l'aune de la vie légendaire du prophète. La *sîra* fut produite par des scribes spécialistes, aux ordres du politique. L'Histoire a retenu le travail d'Ibn Icham au 9e siècle, qui se serait appuyé sur le travail plus ancien d'Ibn Ishaq (travail qui ne nous est parvenu qu'à travers Ibn Icham – celui-ci aurait-il fait œuvre de censure ?). Comme pour les hadiths dont ils s'inspirent, ces chroniques recèlent également un fonds de vérité. Ibn Hicham écrit ainsi à propos de Waraqa « [qu'] *il était nazaréen* (...) *Il était devenu nazaréen et avait suivi les livres et appris des sciences des hommes* (...) *Il était excellent connaisseur du nazaréisme. Il a fréquenté les livres des Nazaréens, jusqu'à les connaître comme les gens du Livre* [les Juifs][126] » (cité en note 59).

---

[126] Nous allons expliquer un peu plus loin le sens de cette expression récurrente du Coran, « *les gens du Livre* » (page 133).

Il faut également évoquer l'œuvre de Tabari, « historien de cour », chroniqueur stipendié des califes et chrétien renégat. Grand connaisseur des hadiths, il a proposé entre autres, avec *L'Histoire des Prophètes et des Rois*, une version idéalisée des événements des débuts de l'islam conforme au discours musulman voulu par le pouvoir pour mieux le justifier. Il reste encore aujourd'hui une des sources principales de l'histoire musulmane officielle. Plus spécifiquement, il rédigea un des premiers *tafsir*, c'est-à-dire une « exégèse », ou plutôt une explication du Coran à la lumière du discours qu'il a lui-même participé à inventer. Ce *tafsir* fait toujours référence aujourd'hui. On le voit, il semble difficile d'attribuer un crédit sérieux à ces travaux, *sîra* comme chroniques historiques. Ecrits pour la plupart en milieu persan (sous les Abbassides, comme nous allons le voir), éloignés de plus de deux cent ans des événements qu'ils décrivent, ignorants des influences judéonazaréennes premières (et notamment du contexte culturel originel syro-araméen[127]) ils sont censés expliciter un Coran peu compréhensible, mais dépendent eux-mêmes de ce Coran. C'est l'exemple même du serpent qui se mord la queue !

Un autre élément déterminant pour la formation de l'islam a été la **chute de la dynastie omeyade** en 750. Ses armées commandées par le calife Marwan II furent battues par celles d'As-Saffah (surnom signifiant « le sanguinaire »). Il ne faudrait pas croire en effet que les évolutions de la religion sous Abd Al-Malik avaient mis un terme aux affrontements au sein de l'oumma. La contestation du pouvoir omeyade est toujours restée vive, consubstantielle à son messianisme, à l'imbroglio du politique, du religieux et de ses manipulations, ainsi que nous l'avons expliqué. Jusqu'à sa chute, le pouvoir omeyade menait régulièrement des campagnes pour mater les rebelles et imposer son autorité dans tous les domaines.

---

[127] Christoph Luxenberg a montré (*La Lecture Syro-araméenne du Coran*) que le sens de certains mots du Coran ne peut se comprendre que par la référence à ce contexte culturel syro-araméen.

Les versions alternatives du Coran continuaient d'être systématiquement traquées et détruites, les mauvais croyants d'être pourchassés. L'apparition vers 720 du terme « islam » (soumission) pour désigner la religion, ainsi que du terme « musulman » (soumis) pour désigner le croyant, est très significative de la dureté de l'autorité du calife et du sens profond de l'islam : oui, certes, il s'agit de parvenir à établir la loi de Dieu sur terre pour en éradiquer le mal, mais avant tout au moyen d'une religion inventée pour justifier la domination politique, d'une religion taillée sur mesure aux besoins du lieutenant de Dieu sur terre. **La soumission à la religion y conditionne la soumission au calife**, et vice et versa.

Des oppositions à cette autorité califale se sont donc naturellement développées. On les voit particulièrement vigoureuses parmi les anciens partisans d'Ali, opposants historiques aux califes omeyades, parmi leurs descendants et parmi ceux qui les ont ralliés, notamment en Perse, et également parmi les branches ennemies des Omeyades au sein des Qoréchites. C'est d'ailleurs au sein de ces Qoréchites qu'émerge la branche abbasside. Son chef, As-Saffah, mène la rébellion contre les Omeyades et l'emporte en 750. Il crée une nouvelle capitale pour le califat (Bagdad) et y établit sa dynastie, qui durera jusqu'au 13e siècle. Il introduit dans l'islam une perspective nouvelle en mettant les Arabes et les non-Arabes convertis sur un pied d'égalité – il était en effet soutenu par un fort parti non arabe, notamment persan. Il donne donc à l'islam la **dimension d'universalité** qui lui manquait, l'islam n'étant somme toute avant lui que la religion de la justification de la domination des Arabes[128] sur le monde.

---

[128] Bien sûr, il ne s'agissait pas de l'ensemble du peuple arabe : de nombreux Arabes étaient Juifs (convertis, ou par mixité ethnique) ou professaient la foi chrétienne, notamment au sein des Eglises chaldéennes et assyriennes qui ont traversé les siècles. Il faudra d'ailleurs attendre jusqu'au 10-11e siècle pour voir la sphère islamique (l'Islam) basculer majoritairement dans l'islam (certains historiens placent ce basculement un peu plus tard, à partir des 13e et 14e siècles et des grands massacres de la chrétienté orientale, indienne et d'Asie Centrale perpétrés par les Mongols et par Tamerlan).

La cristallisation de l'islam

Pour clore cette chronique des origines de l'islam et de sa formation première, on n'oubliera pas de mentionner le processus qui a conduit à sa cristallisation. Elle eut lieu vers la fin du 10e siècle, une fois que l'ensemble des phénomènes que nous avons détaillés eut fini d'établir le discours général de ce que l'islam dit de lui-même (celui-là même que nous avons abordé en préambule). Il s'articule autour du Coran (qui, nous l'avons vu, en dit finalement assez peu par lui-même sur l'islam si on le considère sans ses « commentaires autorisés »), de la *sîra*, des traditions orales (les hadiths, du moins ceux considérés comme les plus fiables) et d'un récit « historique » proprement musulman sur le contexte d'apparition de l'islam : situation de La Mecque, histoire préislamique, explicitation du polythéisme et de l'ignorance (*jahiliya*), généalogie de Mahomet, événements de sa vie, histoire des premiers califes revue et corrigée pour satisfaire la légende ... Et parallèlement se constitue la charia, la loi islamique, qui déjà dans ce temps ressemble beaucoup à ce qu'elle est aujourd'hui[129].

Cette cristallisation intervint après toute une série de califes de Bagdad dits « libéraux » comme Haroun al-Rachid ou bien Al-Mamoun, ayant favorisé le développement des arts, des techniques et de la pensée (époque célébrée aujourd'hui comme l'âge d'or de l'islam). Une certaine réflexion critique sur l'islam a même pu s'épanouir avec la mouvance moutazilite, école de pensée rationaliste considérant le Coran comme un livre « créé ». La réaction se manifesta dans le mouvement acharite, de tendance opposée, qui finit par obtenir le soutien du pouvoir califal (notamment le calife Muttawakkil) et persécuta les moutazilites. Ce mouvement

[129] La constitution de la charia a également donné lieu à son lot de modifications coraniques.

dogmatiste devint alors le courant de pensée structurant de l'islam. Sous son influence, trois décisions majeures sont prises au tournant du 11e siècle par les théologiens et autorités d'obédience acharite, toujours en vigueur aujourd'hui :

- L'affirmation du **dogme du Coran incréé** : ce serait le Coran céleste que Mahomet aurait contemplé lors du voyage nocturne.
- La **doctrine de l'abrogeant et de l'abrogé** (« nasikh » et « mansukh »), pour en finir avec les incohérences du Coran : plus une sourate a été révélée tardivement, plus impératif est son commandement ; en particulier, si deux sourates se révèlent contradictoires, il faut considérer la sourate la plus tardive comme supérieure. Cela permet de faire le tri entre les injonctions relevant des sourates dites médinoises (la plupart étant des injonctions de guerre) et les injonctions de paix et de tolérance relevant des sourates dites mecquoises (censées provenir de la pseudo-période mecquoise de la vie de Mahomet). En cas de conflit d'interprétation, les sourates dites médinoises, supposées avoir été révélées après les sourates mecquoises, l'emportent sur ces dernières. Cette doctrine de l'abrogeant et de l'abrogé était déjà esquissée dans le Coran (s2,106 et s16,101). On comprend dès lors un peu mieux pourquoi un tel zèle a été employé à réorganiser l'ordre des sourates, à justifier la chronologie de leur révélation, et pourquoi, curieusement, les sourates qui doivent prévaloir sont presque systématiquement celles qui prônent l'arbitraire, la violence et la soumission dans le plus grand intérêt des califes[130].

---

[130] Même abrogées par les sourates médinoises, les sourates mecquoises ne sont pas pour autant bonnes à jeter : l'interprétation contextuelle des sourates médinoises et mecquoises est également valable. Lorsque les musulmans sont en minorité, comme ce fut selon eux le cas à La Mecque sous Mahomet, ils doivent adopter la conduite de tolérance prônée par les sourates mecquoises. Lorsqu'ils se retrouvent en situation de force, à l'image de la vie médinoise de Mahomet, en cas de supériorité numérique, de

- La « **fermeture des portes de l'ijtihad** », c'est-à-dire l'arrêt de l'effort de réflexion sur la religion et du travail d'interprétation, celui-ci ayant alors été jugé comme suffisamment fourni, et par ailleurs dangereux pour la cohésion de l'empire à cause des différences de son développement au sein des quatre écoles jurisprudentielles de l'islam ; elle instaure l'interdiction de toute critique de la religion, toujours en vigueur dans les pays musulmans.

Avec la **sacralisation absolue du personnage de Mahomet** tel que le décrit le récit islamique, celle des premiers temps de l'islam, ainsi que celle des califes *rachidun* pour les sunnites, ces trois décisions ont cristallisé la religion musulmane. Elle n'a depuis que très peu évolué dans sa doctrine et son discours[131], toute tentative de modernisation se voyant très rapidement contrecarrée. La pratique en revanche a pu changer au gré des époques, selon que les musulmans se trouvaient sous l'autorité du calife ou bien en infériorité numérique dans un territoire étranger, selon que ce territoire était hostile ou qu'il les accueillait dans un cadre libéral[132]. Mais dans les faits, la seule marge de manœuvre que cette fossilisation de l'islam laisse au croyant pieux, c'est de choisir dans une palette qui va de l'islam « moderne » du 10e siècle à l'islam rigoriste de ses pseudo-origines du 7e siècle (source du salafisme), selon ce qu'en disent les quatre grandes écoles de jurisprudence du sunnisme. Cela revient à condamner chaque génération à refaire perpétuellement ce que l'islam pense avoir été, à répéter le fantasme construit par des siècles de manipulation.

---

rapport de force favorable ou dans le cas des pays musulmans, ils doivent appliquer les sourates médinoises.

[131] Tout au plus a-t-elle pu être davantage explicitée par les différents penseurs, juristes et théologiens du deuxième millénaire.

[132] Nous reviendrons en conclusion sur la distinction entre doctrine islamique et pratique des musulmans. Voir également la note 130.

Sunnisme et chiisme

Par ailleurs, sans rentrer dans ses méandres de complexité, il faut dire également un mot du **chiisme**[133], principale branche divergente de l'islam (l'islam est majoritairement sunnite, à 85% aujourd'hui). S'il provient effectivement des descendants des partisans d'Ali établis en Perse, opposants aux Omeyades, il faut retenir qu'il présente exactement **le même noyau que le sunnisme** : le même Coran, bien que les chiites estimassent encore au 16e siècle que le Coran des sunnites était falsifié, la même *sîra*, ou presque, un discours et une charia similaires dans leurs grands principes. A partir de ce noyau commun, on peut constater que le sunnisme, lié à la caste militaire, a mis historiquement l'accent sur la conquête terrestre, sur la prédation et sur la domination politique, tandis que le chiisme, davantage tenu par le mysticisme prêté à Ali et par ses visées eschatologiques, s'est plutôt préoccupé de foi. Cette divergence se manifeste notablement dans l'organisation de la religion, confiée dans le chiisme à un véritable clergé centralisé qui supervise les affaires politiques. C'est la traduction de l'opposition historique des partisans d'Ali au pouvoir califal. Elle aboutira dans le chiisme à l'édification d'une justification religieuse et d'un discours pseudo historique[134] sensiblement différents, toujours selon les mêmes logiques de construction à rebours.

La lutte terrible qui a opposé et oppose toujours chiisme et sunnisme procède du moteur interne commun à toute idéologie messianiste et à sa logique de surréalité. Elle découle de cette vision du monde comme le lieu du combat

---

[133] Nous parlerons ici du chiisme duodécimain, principale branche du chiisme (90% des chiites).

[134] Nous la constatons par exemple dans le développement progressif au cours de l'histoire de l'animosité des chiites envers les tous premiers califes (que les sunnites honorent comme *rachidun*) ; ils en sont venus peu à peu à les considérer comme des traîtres à la religion.

que doivent mener les purs contre les impurs dans leur projet d'éradiquer le mal : à cette aune, rien de plus exécrable qu'un hypocrite, qu'un « faux pur », rien de plus haïssable qu'une adultération du projet. **Combattre l'impureté de son prochain, c'est affirmer sa propre pureté**[135]. Et comme on finira toujours par trouver sur son chemin un importun se déclarant plus pur, on en revient à ce que l'on avait établi précédemment (cf. page 111) : par nature, l'islam est en guerre contre lui-même.

Une différence supplémentaire entre chiisme et sunnisme des plus intéressantes résulte des divergences apparues du fait des conservations parallèles en milieu persan et en milieu califal de certaines traditions issues de la religion première judéonazaréenne. Sunnisme et chiisme ne présentent pas exactement les mêmes recueils de hadiths, bien que les rites religieux en diffèrent finalement assez peu. Les chiites suivent en effet les hadiths relatifs à Mahomet mais aussi à leurs douze imams (pour les duodécimains[136]). Il s'agit de ces imams successeurs du prophète, à commencer par le calife Ali et ses fils Hasan et Hussein, auxquels est rendu un quasi culte. D'autres imams leur ont succédé, jusqu'au douzième, Muhammad al Hasan al Askari, dit Muhammad al Mahdi, qu'Allah aurait « caché » au 9e siècle en vue de la fin des temps.

Les deux grandes branches de l'islam déploient ainsi des visions différentes du scénario de cette fin des temps. Elles montrent pourtant une attente commune : toutes deux prônent le règne de la loi d'Allah sur la terre, l'attente du

---

[135] On retrouve cette logique dans tous les messianismes : le pire ennemi du communiste combattant pour l'avènement de la dictature du prolétariat est la figure du social-traître, le pire ennemi du staliniste est le trotskiste, le pire ennemi du jihadiste est le mauvais jihadiste (ce qui fonde la doctrine du takfirisme).

[136] Aux côtés des chiites duodécimains (90% des chiites), nous trouvons les chiites ismaéliens, qui ont arrêté la succession des imams au septième, et les chiites zaydites, qui l'ont quant à eux arrêtée au cinquième. D'autres familles très minoritaires sont aussi rattachées de près ou de loin à la tradition chiite (Druzes, Alaouites, Nizarites, Alevis ...).

jugement dernier et la venue du sauveur du monde, le Mahdi (le « bien guidé »), qu'elles appuieront dans son combat contre les forces du mal coalisées autour de l'Antichrist pour devenir les élus dans son royaume. Lequel Mahdi sera secondé par le retour de Jésus, enlevé par Allah avant la crucifixion, caché au ciel où il est gardé en réserve pour cela. Mais tandis que les chiites croient que le Mahdi est leur dernier imam, l'imam caché, les sunnites croient que le Mahdi sera le dernier successeur de Mahomet, celui qui unifiera l'oumma. Le Mahdi pourrait même être Jésus lui-même, puisque selon certains hadiths rapportés par Anas ibn Malik dans les recueils de Boukhari et Muslim, « Mahdi » est un titre porté par Jésus.

***

Nous voici maintenant parvenus presque au terme de cette chronique des origines de l'islam. Son grand secret apparaît en pleine lumière : **une tout autre histoire**, complexe, bien différente de celle que l'islam veut faire croire. Nous avons parcouru ses origines judéonazaréennes, très proches du judéo-christianisme mais néanmoins en rupture radicale avec lui. Nous avons compris son espérance messianiste, l'événement clé de la prise de Jérusalem qui a précipité l'échec du judéonazaréisme, les différentes manipulations qui se sont succédées pour l'escamoter au profit des Arabes, et le pénible travail de récupération et d'autojustification de conquérants se posant comme les nouveaux maîtres du monde et des siècles.

Mais avant de risquer une conclusion à une telle lecture, nous proposons de détailler davantage certains des mécanismes qui ont permis une telle manipulation. Avec eux, nous pourrons considérer quelques clés de lecture du Coran qui permettent d'y déceler les traces persistantes de la vérité sur les origines de l'islam.

CLÉS DE LECTURE DU DISCOURS ISLAMIQUE A LA LUMIERE DE SES ORIGINES RÉELLES

Ce qui est devenu le Coran a considérablement évolué depuis les proto-corans composés de feuillets des judéonazaréens jusqu'à la mise au point du texte final. Il a subi comme on l'a vu quantité de manipulations au cours d'un processus très complexe. Le Coran se révèle ainsi être l'un des textes les plus remaniés qui soient et l'un des plus difficiles d'accès. Il est d'ailleurs peu compréhensible sans ses gloses et sans le discours qui l'accompagne et qui l'explicite. De la même manière, ce discours a lui aussi énormément évolué au fil du temps, subissant son lot de manipulations. Bref, il a longtemps été très compliqué d'y voir clair. Mais des pas de géant ont été franchis grâce aux travaux d'Edouard-Marie Gallez sur les judéonazaréens et la mise en évidence de leur rôle clé. Il reste certes encore beaucoup à faire aux chercheurs pour démêler les différentes couches de réécriture et de manipulation des textes et du discours islamique. Comptons sur cette lumière qui vient d'être portée pour les éclairer à l'avenir.

QUELQUES MANIPULATIONS CONSTITUTIVES DU DOGME ISLAMIQUE

Nous pouvons d'ores et déjà isoler quelques mécaniques de manipulation du dogme et de l'histoire islamiques, et même les dater au regard des événements que nous avons parcourus. Il faut comprendre qu'il y a eu deux grandes « techniques » de manipulation :

- Lorsque les textes étaient aux mains des seuls chefs musulmans (jusqu'Abd al-Malik), il était encore relativement aisé, au risque toutefois de la guerre civile, de toucher directement à leur contenu : destruction ou ajout de feuillets, grattage et réécriture des mentions inconvenantes (palimpsestes), ajout pur et simple de mots ou de phrases entières dans le cours du texte (interpolations) ... Et bien sûr, les scribes des califes usaient aussi des artifices de la réorganisation du texte : constitution de sourates par le choix des versets les plus judicieux, ordonnancement à façon des sourates et des versets ... On pourra parler dans ce cas de **manipulation du texte**, comme on a pu en relever dans l'étude des corans de Sanaa[137].

Exemple de manipulation du texte coranique relevée sur le coran de Saana
certaines lettres et certains mots ont été grattés et remplacés par d'autres

[137] Des manuscrits très anciens du Coran ont été retrouvés à Sanaa, au Yémen, ayant échappé à la destruction ordonnée par les califes de tous les écrits non conformes. L'image ci-dessus a été relevée par Asma Hilali dans son étude des corans de Sanaa, publiée dans *Le Monde de La Bible* (été 2012), et développée depuis – voir son article « Le Palimpseste de Sanaa et la Canonisation du Coran : Nouveaux Développements » (https://www.academia.edu/7281199/_Le_palimpseste_de_%E1%B9%A2an%CA%BF%C4%81_et_la_canonisati_on_du_Coran_nouveaux_%C3%A9l%C3%A9ments_).

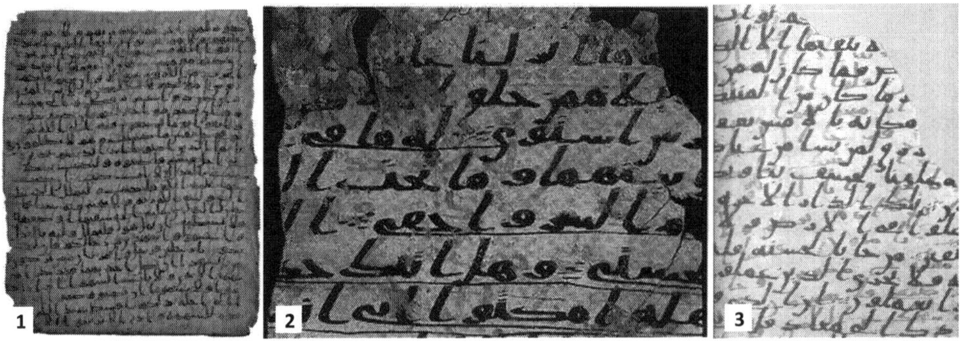

Autres exemples de manipulation du texte coranique relevés sur les manuscrits de Sanaa par la présence visible de palimpsestes
(l'écriture inférieure, grattée ou lavée, est encore visible sous l'écriture supérieure)

1 - Manuscrit David 86/2003, recto (photo Sotheby's, réalisée pour sa vente aux enchères en 1992)
2 - Agrandissement d'un fragment de manuscrit photographié par Gerd Puin
3 - Eclairage d'une portion de folio à la lumière ultra-violette révélant le palimpseste

- Lorsque la langue arabe écrite a commencé de se fixer sous Abd al-Malik, et que le Coran a été diffusé plus largement, il s'est révélé bien plus difficile de toucher directement au texte. Ce phénomène s'est produit de plus en plus rarement (en jouant par exemple sur la vocalisation du texte[138] ce qui permet par exemple le passage d'une forme verbale de l'actif au passif, nous allons en voir une illustration en page 166). Aussi, comme évoqué précédemment, on a plutôt préféré toucher à la signification des textes : changement du sens de certains mots, attribution arbitraire de noms de lieux ou de personnes permettant de donner un sens nouveau au texte, invention d'un discours annexe permettant d'expliquer et d'interpréter le texte selon ce que ses manipulateurs voulaient qu'ils signifient, création de faux témoignages par les hadiths, réécriture des événements historiques ... La création de l'épisode du voyage nocturne illustre très bien l'imagination des scribes et historiens au service des califes. On pourra parler ici de **manipulation du discours**. Cette

[138] Rappelons que ce travail de vocalisation du texte dura jusqu'au 10e siècle

> manipulation se poursuit encore aujourd'hui avec les travaux des concordistes : ce sont des savants de l'islam qui cherchent absolument à trouver dans le Coran des vérités scientifiques aujourd'hui établies, mais inconcevables à l'époque de Mahomet. Non contentes de confiner parfois au grotesque[139], ces tentatives d'établissement de soi-disant « miracles scientifiques du Coran » illustrent parfaitement la logique à rebours qui préside en islam, c'est-à-dire l'édification de raisonnements bâtis pour justifier des conclusions préétablies.

Ces « techniques » ont été employées au service de la formation du dogme islamique. Les bases de départ que constituaient la « religion d'Abraham et du *Messie Jésus* » prêchée par les judéonazaréens et le souvenir des origines historiques réelles en sont devenus très difficiles à discerner sous les couches épaisses des manipulations successives. Le texte du Coran expliqué par le discours islamique les a presque totalement occultés. Mais à la clarté nouvelle des recherches scientifiques présentées dans ces quelques pages, il devient possible d'expliciter certaines de ces manipulations. Les comprendre permet de décrypter le discours islamique, et ainsi, en utilisant les bonnes clés de lecture, de retrouver ses origines réelles.

Examinons donc quelques manipulations emblématiques, comme la manipulation des termes désignant les croyants des différentes religions monothéistes, et le transfert historique et géographique des origines réelles de l'islam. Nous verrons par la suite comment leur connaissance restitue un peu de vérité historique au discours islamique et au Coran.

---

[139] De nombreux musulmans le reconnaissent eux-mêmes et réclament que cessent ces travaux qui « avilissent l'islam ». Quelques exemples sur ce site : http://www.miraclesducoran.com/scientifique_index.html

Musulmans, chrétiens, Juifs et « polythéistes » selon le dogme islamique

Nous l'avons vu en préambule, l'islam affirme être apparu dans un milieu resté farouchement polythéiste alors même que tout le Moyen Orient se christianisait depuis six siècles, et alors même que des contacts réguliers et étroits avec des Juifs et des chrétiens étaient établis de longue date pour des raisons commerciales. Parmi les Qoréchites, ces rapports avec des Juifs et des chrétiens auraient été particulièrement importants pour Mahomet, comme le souligne la tradition musulmane. En tant que « prophète de l'islam », celui-ci n'a pas eu besoin de s'inspirer d'eux puisque son message lui a été directement dicté par un ange de Dieu. Partant de ces éléments du dogme islamique, le discours occidental a cherché à se figurer de manière rationnelle comment l'islam a pu être fondé par Mahomet. On s'est ainsi imaginé que ce dernier avait pu s'informer auprès de représentants du christianisme et du judaïsme en vue de se fabriquer tout seul une « nouvelle religion ». Et même s'il nie toute intervention divine, ce discours occidental apparemment rationnel a suivi celui de l'islam dans son principal présupposé : aucun groupe d'ex-judéochrétiens tel que celui des judéonazaréens n'aurait été l'initiateur direct des changements intervenus parmi les Qoréchites, et l'islam serait apparu tout à coup à partir de rien, c'est-à-dire au sein d'un milieu polythéiste (mecquois). Comment un tel aveuglement a-t-il été possible ?

Il semble que le facteur qui a tenu si longtemps en échec la rationalité occidentale soit premièrement l'habileté dont ont fait preuve les califes, avec les scribes qui travaillaient pour eux, pour escamoter totalement le souvenir des judéonazaréens. S'il est effectivement question de chrétiens et de Juifs dans la vie idéalisée de Mahomet telle que le discours musulman l'a reconstruite, on n'y trouve aucune trace des judéonazaréens. Par quel stratagème ont-ils pu être totalement occultés de l'histoire de l'islam alors même qu'ils y ont tant contribué ?

Pour le comprendre, remontons le cours de l'histoire, au temps de l'alliance entre judéonazaréens et Arabes, en Syrie et à Yathrib-Médine. Voici comment ceux-ci considéraient alors les différents types de croyants de leur voisinage (les qualificatifs proviennent tous de la doctrine judéonazaréenne) : il y avait les **chrétiens**, arabes pour la plupart (et d'autres chrétiens de langue syro-araméenne), qualifiés d'associateurs (« musrikun »[140]) et les **Juifs rabbiniques**, qualifiés de recouvreurs (« koufar » - cf. note 46), honnis par les judéonazaréens (« nasara »), et les **Arabes convertis** (au judéonazaréisme). Les Juifs rabbiniques et les Juifs judéonazaréens constituaient ensemble les « **gens du Livre** » (« ahl al kitab »). De quel « livre » pouvait-il bien s'agir au début du 7e siècle ? Evidemment de la Torah, le livre par excellence[141], le livre de référence des judéonazaréens. Les « gens du Livre », ce sont donc tous les Juifs d'alors, héritiers de la Torah. Cela concerne au premier chef les Juifs rabbiniques, les plus nombreux. Mais le petit groupe des judéonazaréens partage cet héritage avec leurs cousins « ethniques » rabbiniques, quand bien même ils vilipendent tant qu'ils peuvent ces « koufar » dans leurs textes et dans leur endoctrinement auprès des Arabes. Par ailleurs, les judéonazaréens et les Arabes qui leur ont fait allégeance, partageant la même foi et le même projet messianiste, forment l'**oumma** (« umma »), que l'on peut traduire par « clan », « tribu », « communauté », voire « nation ».

---

[140] Jean de Damas écrivait encore vers 746 dans son *Traité des Hérésies* que les Arabes accusaient les chrétiens « *d'introduire un associé aux côtés de Dieu en disant que le Christ est le fils de Dieu, et est Dieu* ». Ils ne faisaient là que répéter l'endoctrinement de la foi judéonazaréenne, comme nous l'avons vu page 51. Il traduit l'arabe « musrikun » par « associateurs », et non par « païens » ou « polythéistes ».

[141] De même que « bible » vient du grec « βιβλία » ou « biblia », et signifie « les livres » (originellement il vient d'ailleurs de Byblos, un important centre de fabrication de livres).

Arrêtons-nous sur ce terme d'oumma, terme très commun formé à partir de « umm », la mère. Il est issu de la Torah[142], où il désigne les douze tribus d'Israël, le peuple élu. Le terme a été conservé par les judéonazaréens qui se considéraient selon leur foi comme les seuls Juifs véritables. Ils prétendaient donc être le vrai Israël, la communauté (au sens tribal de clan, de peuple) des Juifs justes, des seuls élus. C'est ce qu'atteste encore le Coran si l'on sait le lire correctement, comme nous allons le voir. Lorsque l'alliance avec les Arabes deviendra effective, au fil de l'endoctrinement de la fin du 6e siècle et du début du 7e, l'oumma les englobera par l'attribution au patriarche Abraham d'une descendance arabe. Elle deviendra cette communauté composite judéonazaréenne et arabe.

Arrive alors l'épisode de 640 et l'escamotage des judéonazaréens. Pour le justifier a posteriori, nous avons vu qu'Omar, Otman et leurs successeurs ont fait modifier les feuillets qui constitueront le Coran en ajoutant (en interpolant) le terme « nasara » (= nazaréens = judéonazaréens) à certains versets de défiance envers les Juifs rabbiniques. On a alors voulu plaquer de force le sens de « chrétiens » à ce terme. C'est un cas de **manipulation du texte et du discours**, assez simple à comprendre mais délicat à déceler[143]. Il s'agissait dans un premier temps de justifier la haine subite des Arabes envers leurs anciens maîtres. Mais il s'est agi rapidement de transférer le sens de l'oumma originelle exaltée dans les textes[144] vers celui de l'oumma nouvelle constituée des seuls Arabes, la communauté des vrais croyants (marquant ainsi leur mépris envers les croyances fausses des judéonazaréens), puis vers celui de l'oumma des seuls musulmans.

---

[142] Par exemple : livre de la Genèse 25 (traduction en « nation », « peuple », « tribu »)

[143] Cette manipulation a été établie par Antoine Moussali et Edouard Marie-Gallez (cf. note 84).

[144] « *Vous êtes la meilleure communauté* [oumma] *qu'on ait fait surgir pour les hommes* » (s3,110)

Et c'est ainsi, avec ces premières manipulations et au fil des nombreuses autres qui ont suivi, qu'une religion nouvelle est apparue. Une religion qui ne se justifie plus par son passé historique réel, par la dérive radicale du judéo-christianisme opérée par les judéonazaréens, mais par une révélation nouvelle, par un nouveau choix de Dieu. Et comme il faut absolument que ce choix soit nouveau, il faut également que les Arabes n'aient rien à devoir au passé. Il faut qu'islam et Coran soient apparus en milieu vierge des révélations antérieures chrétiennes et juives. Il faut donc inventer un milieu d'origine païen, un environnement idolâtre et polythéiste et il faut également que le Coran et son discours externe mentionnent ce **substrat polythéiste** dans lequel on affirmera que l'islam aura été révélé. Le problème, cependant, c'est que le discours de cette religion nouvelle s'est principalement développé après que le texte du Coran eut été à peu près fixé et diffusé par Abd al-Malik et ses successeurs. Comment donc faire signifier aux textes ce qui n'y est pas écrit, ce qu'ils ne veulent pas dire ? Ce sera l'objet d'un cas emblématique de **manipulation du discours**, par des transferts de signification, des glissements du sens des mots figurés dans le schéma en page suivante.

Cette manipulation a été opérée peu à peu depuis les premiers califes : elle a débuté avec l'ajout grossier du terme « nasara » dans les textes, dès Omar, ajout destiné à justifier le retournement d'alliance envers les judéonazaréens. Puis elle s'est poursuivie jusqu'au 10e siècle en forçant le sens des mots dans le Coran et en bâtissant autour un discours justifiant ce nouveau sens (avec, à la clé, force hadiths et autres chroniques de soi-disant historiens). L'oumma est ainsi devenue la communauté des seuls musulmans (dans un premier temps la communauté des Arabes dans la religion nouvelle d'Abraham, puis la communauté de tous les musulmans avec l'ouverture de l'islam à l'universel sous les Abbassides). Les « gens du Livre » sont devenus les croyants des trois religions monothéistes, dotées de leurs livres saints.

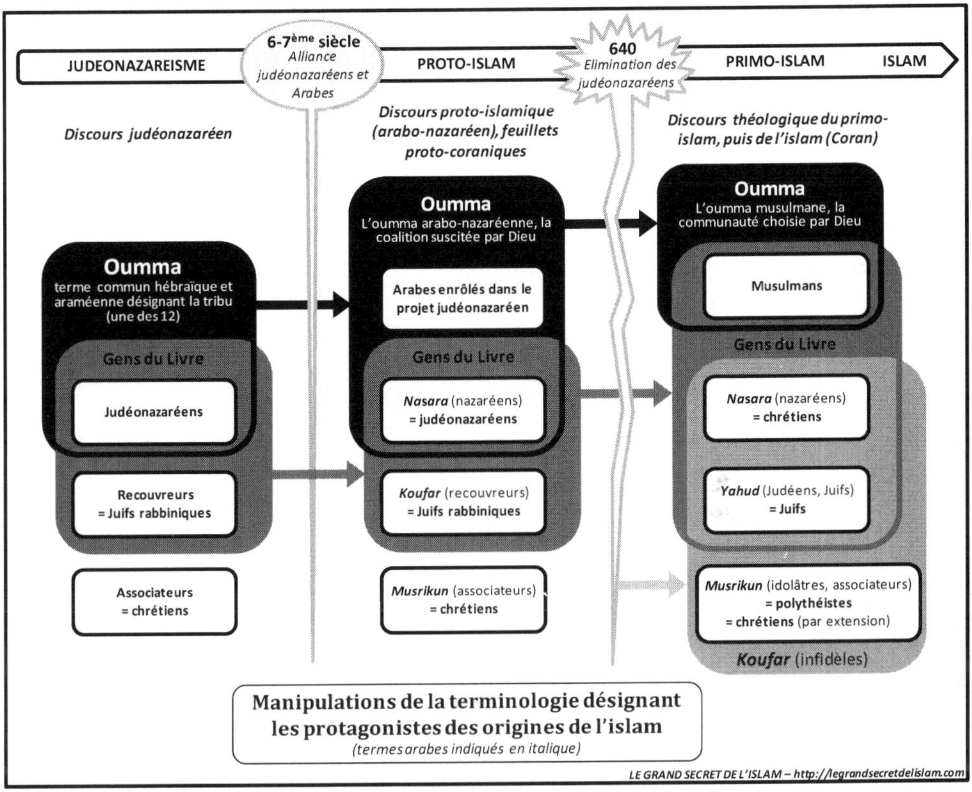

En passant, ce nouveau concept de « gens du Livre » arrange bien l'islam puisqu'il devient ainsi une religion tout aussi valide que les deux autres, doté d'un Coran qu'il revendique comme tout à fait comparable à la Bible (et même meilleur). C'est en outre la justification par la parole même du prophète du concept de **succession des révélations divines** se corrigeant l'une après l'autre et parachevées dans l'islam. Cette construction théologique très subtile permet de plus d'expliquer les similitudes entre les religions monothéistes (d'où ce qualificatif de « religions abrahamiques »). Elles paraissent évidentes au regard des nombreuses lois, coutumes et traditions communes, ainsi que des ressemblances troublantes entre textes sacrés. Nous savons désormais quelle en est la vraie raison. Et c'est encore plus vrai entre judaïsme messianiste[145] et islam, qui sont, nous le comprenons maintenant, de très proches parents qui s'ignorent.

Revenons à la manipulation de terminologie : elle escamote bel et bien les judéonazaréens. Leur désignation ancienne de « nasara » renvoie désormais aux seuls chrétiens. Lorsque l'on veut changer le réel, on commence toujours par changer le sens des mots. On a également tordu le sens du mot « koufar » et du verbe « kafara » (recouvrir, dissimuler) qui qualifiaient les Juifs rabbiniques par opposition aux Juifs nazaréens, pour leur donner les sens nouveaux « d'infidèles », de « mécréants », et respectivement de « rejeter », de « nier ». On évite ainsi de **susciter des questions embarrassantes** quant aux raisons qui poussent à trier entre mauvais Juifs qui « recouvrent leurs textes » et bons Juifs qui ne les recouvrent pas : qui seraient-donc ces bons Juifs ? Pourquoi seraient-ils donc les amis des musulmans ? Qu'avaient donc dissimulé de si grave les mauvais Juifs pour qu'on les haïsse tant ? Enfin, on a déformé le sens de « musrikun », qui désignait initialement les chrétiens, pour inventer à leur place ces fameux polythéistes, tout comme on a inventé cette mythique « jahiliya »[146], ce temps de l'ignorance dans lequel a été reçue la révélation islamique. Au final, c'est ainsi que l'on arrive à trouver dans le Coran l'ensemble des notions qui justifient le discours de l'islam.

---

[145] Nous faisons ici référence à un judaïsme revendiquant pour lui un projet messianiste. Cette tentation n'a jamais quitté le judaïsme rabbinique, s'étant exprimée par exemple avec l'épisode de Sabbatai Tsevi au 17e siècle, ou encore aujourd'hui parmi certains « ultras » du sionisme, notamment ceux qu'obsède la reconstruction du Temple.

[146] C'est pour satisfaire cette exigence que le discours musulman inventera cette légende des petites filles enterrées vivantes au temps des polythéistes (évoquée en préambule), voulant interpréter ce verset dans le sens voulu par ce concept de jahiliya : « *Il se cache des gens, à cause du malheur qu'on lui a annoncé. Doit-il la garder [la petite fille qui vient de naître] malgré la honte ou l'enfouira-t-il dans la terre ? Combien est mauvais leur jugement !* » (s16,59). Le discours musulman veut absolument faire signifier « enfouir » à l'expression arabe (dassa fi-t-turab), dont le sens premier est pourtant celui de « poser dans la poussière », donc « abandonner ». Aujourd'hui, cette expression en est même devenue synonyme « d'enterrer », un exemple de plus de **manipulation du discours**.

Quelques transferts de l'histoire réelle vers le discours islamique

Parallèlement à ces affaires de terminologie, des manipulations ont été opérées sur le matériau historique et géographique des origines réelles de l'islam. Il s'agissait bien entendu dans un premier temps de masquer le rôle du judéonazaréisme. Puis, entraîné par le jeu de la surenchère, on a abouti au discours actuel. Il procédait d'une logique d'autojustification d'une part, mais aussi d'une logique d'interprétation des témoignages historiques.

Parmi ces témoignages, il y avait bien sûr le Coran, dont les versets devenus bien obscurs nécessitaient un effort d'imagination consistant pour en figurer un sens. Il y avait également des témoignages matériels : noms de lieux, bâtiments, comme les mosquées aux *qibla* non conformes ou comme le Dôme du Rocher (qui n'avait initialement rien à voir avec le voyage nocturne qu'il est censé célébrer selon le discours musulman, rappelons le).

Mais il y avait aussi des témoignages oraux, ces souvenirs rapportés de bouche à oreille qu'il fallait réinterpréter à travers la formation de hadiths. Les premiers recueils de ces hadiths apparaissant à la fin du 8e siècle, on a assisté à une inflation considérable de ces « témoignages » à mesure que l'on s'éloignait dans le temps des événements ou paroles qu'ils étaient censés rapporter. On les voit rivaliser de détails de plus en plus nombreux et précis là où cinquante ou cent ans auparavant les rares témoignages se rapportant aux mêmes sujets se révélaient beaucoup plus succincts, voire n'existaient pas du tout. Les buts poursuivis par ces manipulations sont manifestes : **ramener à la figure d'un Mahomet idéalisé les vestiges et mémoires des événements historiques dont est issu l'islam**.

Sans entrer dans le détail de tous ces transferts, en voici certains des plus emblématiques en fait de logique de manipulation :

- **Au point de vue géographique**, les transferts les plus importants sont ceux qui touchent le cadre de la tribu de Mahomet (aux environs de Lattaquié, , dans le Nord Ouest de la Syrie, comme nous l'avons vu) déplacé à La Mecque : noms de lieux, noms de collines, but du pèlerinage (initialement réalisé à Jérusalem) et orientation des prières ...
- **Au point de vue historique**, il en est allé de même pour le souvenir des anciennes batailles qui ont finalement mené à la reddition de Jérusalem, transférées et déformées dans le discours musulman en autant d'épisodes de la lutte du parti médinois contre les supposés Mecquois.
- **Au point de vue des figures inspiratrices**, l'influence des prédicateurs judéonazaréens n'a pu être occultée. On retrouve la figure du prêtre judéonazaréen Waraqa dont le discours musulman a simplement fait un prêtre chrétien. Quant à Bahira, il s'agit d'une figure tardive du discours islamique ; on la trouve d'abord dans l'apologétique chrétienne pour personnifier le milieu judéonazaréen qui endoctrina Mahomet. Le discours islamique retourne partiellement cette figure en en faisant un moine chrétien qui reconnaît le prophétisme de Mahomet.
- **Au point de vue de l'antijudaïsme islamique**, il faut voir sa source véritable dans l'opposition des judéonazaréens aux Juifs rabbiniques (comme nous allons le voir par la suite, dans l'examen du texte coranique). Pour rappel, elle s'était particulièrement concrétisée à l'occasion de la conquête de Jérusalem en 614, lorsque les rabbiniques chassèrent de la ville ou de la région leurs cousins judéonazaréens et leurs alliés arabes. Dans le discours islamique définitif, ce souvenir

s'est exprimé sous le thème de la traîtrise, notamment celle des « tribus juives » de Médine. Ce récit rapporte aussi à la vie de Mahomet certains événements advenus autrement et plus tard, sous Omar : en 640, les chefs arabes ont rompu avec les judéonazaréens, massacré leurs chefs et expulsé les autres. Dans le récit musulman actuel, ces souvenirs, à l'antijudaïsme[147] desquels le rapport à Mahomet confère sa légitimité, se sont exprimés dans l'expulsion par le « Prophète » de deux des « trois tribus juives de Médine » (fictivement placée en 624-625) et par le massacre de la troisième (soi-disant en 627).

- **Le thème des contestations illégitimes de l'autorité** du représentant de Dieu sur terre ne se pose pas au temps du Mahomet historique. Mais l'extension de sa figure sacralisée à ses successeurs (les *rachidun* ou « bien guidés ») va servir à légitimer l'autorité des califes suivants. Quand il est dit que Mahomet réprime dans le sang l'opposition des *munafiqun* (hypocrites), ce sont tous les opposants présents et à venir qui sont visés – les guerres d'apostasie (*houroub al ridda*) se trouvent ainsi légitimées.

Quels sont alors les éléments de la réalité qui ont pu traverser la fabrication des hadiths et la formation du discours musulman ? Le schéma en page suivante reprend certains éléments relevant de cette réalité historique réinterprétée à l'intérieur de la légende islamique définitive (10e siècle), en mettant en évidence les transferts dans l'espace et dans le temps.

---

[147] Citons ce hadith emblématique de Boukhari : « *L'heure* [de la fin des temps, du retour du « *Messie Jésus* », du combat contre l'Antéchrist, du jugement dernier ...] *ne se lèvera pas avant que les Musulmans ne combattent les Juifs, au point que le Juif se cachera derrière les rochers et les arbres. Les rochers et les arbres diront alors: "O Musulman! Voici derrière moi un Juif, viens le tuer". Sauf un arbre épineux de Jérusalem nommé "gharqad". C'est en effet un arbre appartenant aux Juifs* ».

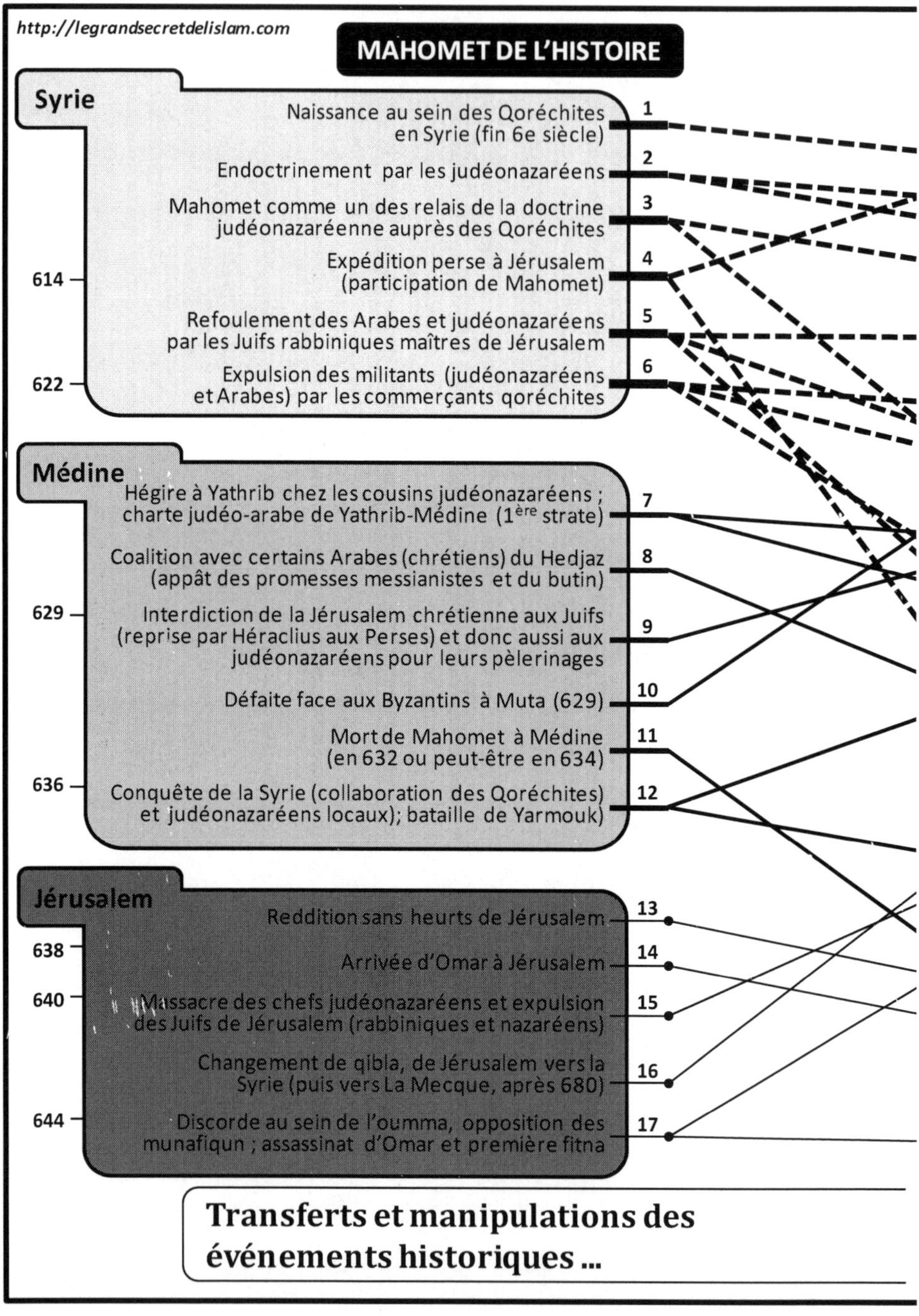
http://legrandsecretdelislam.com
MAHOMET DE L'HISTOIRE
Syrie
Naissance au sein des Qoréchites en Syrie (fin 6e siècle)
1
Endoctrinement par les judéonazaréens
2
Mahomet comme un des relais de la doctrine judéonazaréenne auprès des Qoréchites
3
614
Expédition perse à Jérusalem (participation de Mahomet)
4
Refoulement des Arabes et judéonazaréens par les Juifs rabbiniques maîtres de Jérusalem
5
622
Expulsion des militants (judéonazaréens et Arabes) par les commerçants qoréchites
6
Médine
Hégire à Yathrib chez les cousins judéonazaréens ; charte judéo-arabe de Yathrib-Médine (1ère strate)
7
Coalition avec certains Arabes (chrétiens) du Hedjaz (appât des promesses messianistes et du butin)
8
629
Interdiction de la Jérusalem chrétienne aux Juifs (reprise par Héraclius aux Perses) et donc aussi aux judéonazaréens pour leurs pèlerinages
9
Défaite face aux Byzantins à Muta (629)
10
Mort de Mahomet à Médine (en 632 ou peut-être en 634)
11
636
Conquête de la Syrie (collaboration des Qoréchites) et judéonazaréens locaux); bataille de Yarmouk)
12
Jérusalem
Reddition sans heurts de Jérusalem
13
638
Arrivée d'Omar à Jérusalem
14
640
Massacre des chefs judéonazaréens et expulsion des Juifs de Jérusalem (rabbiniques et nazaréens)
15
Changement de qibla, de Jérusalem vers la Syrie (puis vers La Mecque, après 680)
16
644
Discorde au sein de l'oumma, opposition des munafiqun ; assassinat d'Omar et première fitna
17
Transferts et manipulations des événements historiques ...

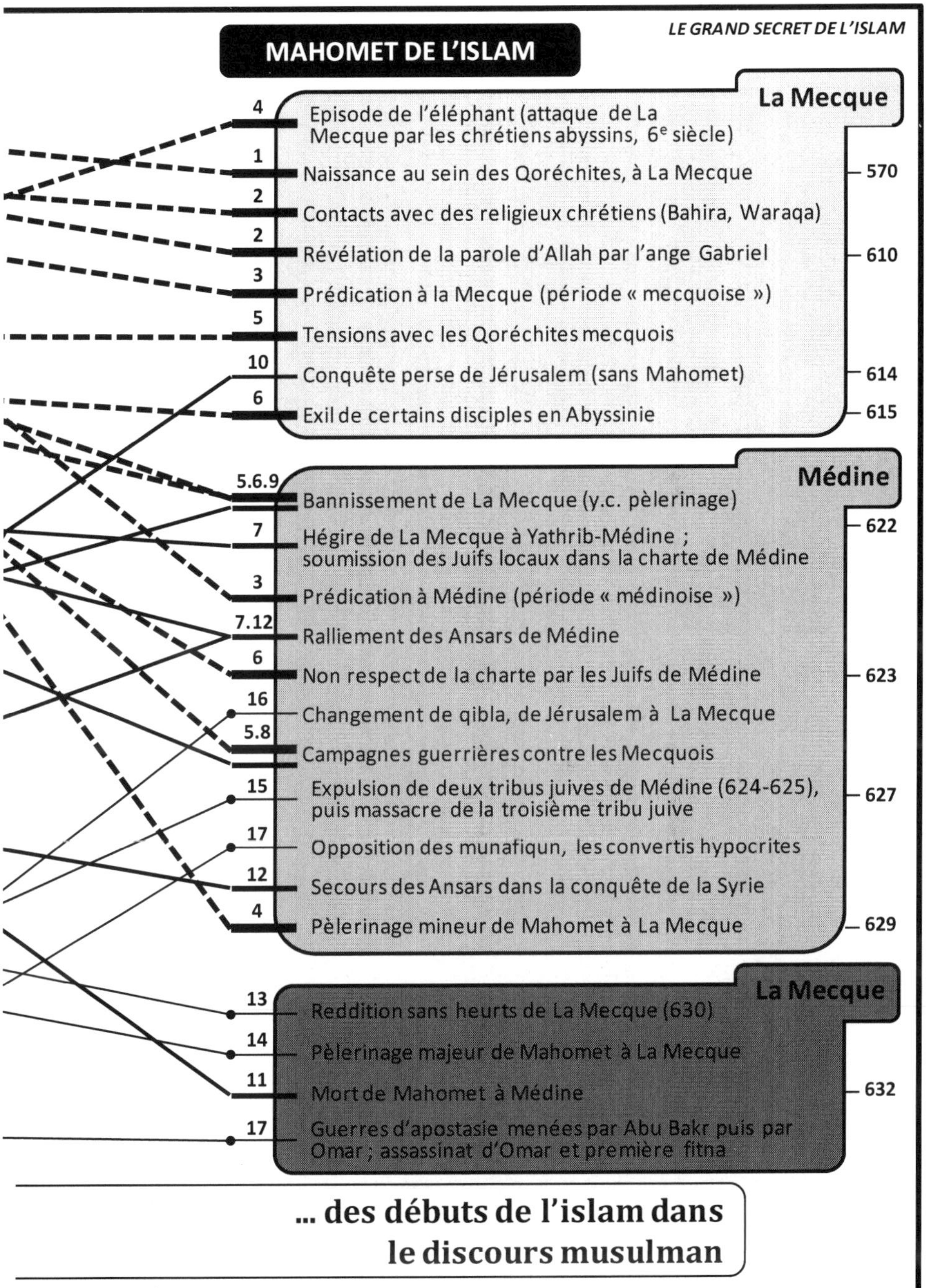
LE GRAND SECRET DE L'ISLAM
MAHOMET DE L'ISLAM
La Mecque
4 Episode de l'éléphant (attaque de La Mecque par les chrétiens abyssins, 6e siècle)
1 Naissance au sein des Qoréchites, à La Mecque
570
2 Contacts avec des religieux chrétiens (Bahira, Waraqa)
2 Révélation de la parole d'Allah par l'ange Gabriel
610
3 Prédication à la Mecque (période « mecquoise »)
5 Tensions avec les Qoréchites mecquois
10 Conquête perse de Jérusalem (sans Mahomet)
614
6 Exil de certains disciples en Abyssinie
615
Médine
5.6.9 Bannissement de La Mecque (y.c. pèlerinage)
622
7 Hégire de La Mecque à Yathrib-Médine ; soumission des Juifs locaux dans la charte de Médine
3 Prédication à Médine (période « médinoise »)
7.12 Ralliement des Ansars de Médine
6 Non respect de la charte par les Juifs de Médine
623
16 Changement de qibla, de Jérusalem à La Mecque
5.8 Campagnes guerrières contre les Mecquois
15 Expulsion de deux tribus juives de Médine (624-625), puis massacre de la troisième tribu juive
627
17 Opposition des munafiqun, les convertis hypocrites
12 Secours des Ansars dans la conquête de la Syrie
4 Pèlerinage mineur de Mahomet à La Mecque
629
La Mecque
13 Reddition sans heurts de La Mecque (630)
14 Pèlerinage majeur de Mahomet à La Mecque
11 Mort de Mahomet à Médine
632
17 Guerres d'apostasie menées par Abu Bakr puis par Omar ; assassinat d'Omar et première fitna
... des débuts de l'islam dans le discours musulman

Aussi compliqué qu'il paraisse, ce schéma ne prétend à aucune exhaustivité. Le discours islamique est devenu remarquable de complexité pour satisfaire sa logique et sa cohérence interne. La tradition musulmane a ainsi **recréé un passé mythique**, empruntant quelques souvenirs réels transformés par l'imagination des scribes et des religieux. Evidemment, il fallait aussi tenir compte du texte coranique déjà répandu, d'où un jeu de va et vient lui aussi très imaginatif entre l'interprétation de ce texte et la « fabrication du passé ». Au final, on a l'illusion d'une histoire claire et d'un texte qui le serait tout autant. Certains versets du Coran sont d'ailleurs invoqués pour confirmer cette clarté[148] aux yeux des musulmans, ceux-ci faisant cependant mention d'un tout autre texte (le « qor'ôno » ou « coran » des judéonazaréens, leur lectionnaire, qui lui existait déjà). En fait, aucun lecteur attentif du Coran ne peut le trouver clair, et les thèmes islamiques de la clarté et du « miracle du Coran » prêtent à sourire : en sus de la perte d'un certain nombre de significations, ses manipulations successives ont enlevé au texte des feuillets coraniques la clarté originelle et supposée dont il se prévaut.

Malgré tout leur talent, il était en effet impossible aux scribes des califes de conserver une cohérence d'ensemble à un texte aussi imposant dès lors qu'ils se sont mis à le manipuler, à jouer avec le sens des mots. Y changer la signification d'une expression exige de l'harmoniser avec toutes ses occurrence dans l'ensemble des 114 sourates[149] et des 6 236 versets que compte la version canonique du Coran. Et si cette nouvelle signification entre en conflit avec ce qui y est déjà écrit, il faut

---

[148] Parmi les nombreuses mentions du Coran à la clarté de sa langue et la grande intelligibilité de ses propres versets, citons les suivantes : s5,15 : « *Une lumière et un livre explicite vous sont certes venus d'Allah !* » ; s26,192-195 : « *Ce Coran-ci, c'est le Seigneur de l'univers qui l'a fait descendre, et l'Esprit fidèle* [Gabriel] *est descendu avec cela sur ton cœur, pour que tu sois au nombre des avertisseurs en une langue arabe très claire.* » ; s39,28 : « *Un Coran* [en langue] *arabe, dénué de tortuosité, afin qu'ils soient pieux !* »

[149] 114, c'est aussi le nombre de « logia » de l'évangile apocryphe de Thomas, un écrit qui a beaucoup circulé aux premiers siècles en Syrie et dans les milieux judéonazaréens.

procéder à de nouvelles manipulations, textuelles ou interprétatives. C'est d'autant moins possible qu'il faut aussi tenir compte des exigences liées à l'occultation des origines historiques et géographiques réelles : comment parvenir à tout mettre en conformité avec ce qu'exigent le discours islamique et la tradition ?

Malgré le soin méticuleux que met l'islam à détruire absolument tout ce qui l'a précédé, il en reste toujours des traces. Le croyant devra donc croire de gré ou de force, sans poser de questions, sans douter. Le doute est d'ailleurs l'un des pires péchés en islam. Et si la menace de l'enfer et des terribles châtiments qui y attendent le mauvais croyant ne suffit pas, le châtiment peut aussi se faire très terrestre : l'apostasie, déjà passible de l'enfer selon le Coran, est aussi punie de mort (selon la parole de Mahomet rapportée par le hadith de Boukhari : « *Celui qui change de religion, tuez-le* »). Tout croyant est encouragé à surveiller et corriger son voisin, son ami, son fils, sa fille ou ses parents s'ils se révélaient coupables de déviance. Toute « nouveauté »(*bidah*) est perçue comme hérétique, réprimandée et interdite depuis la cristallisation de l'islam au 10e siècle. L'interdiction de la réflexion critique qui prévaut depuis enferme à jamais le croyant dans la **soumission à la religion**, à son discours et à sa logique. Et puisque la religion a été ramenée à la figure idéalisée de Mahomet, l'interdiction de toute réflexion critique s'appliquera en particulier à son sujet. Tout doute, toute approche critique - et ne parlons même pas des caricatures - sont de ce fait plus que prohibés : ils sont sacrilèges.

Pourtant, même une simple lecture du texte coranique soulève d'innombrables questions, comme nous allons le voir.

QUE DIT LE CORAN DU GRAND SECRET DE L'ISLAM ?

Malgré son état actuel, le texte coranique mérite d'être regardé attentivement. Nous disposons maintenant de certaines clés de lecture qui permettent de **prendre à rebours les manipulations** subies par le texte ou imposées à sa lecture par le discours islamique.

Nous venons d'en aborder certaines, comme l'invention du prophétisme de Mahomet (il s'agit sans aucun doute de la manipulation principale de l'islam), comme la modification des terminologies désignant les différents croyants, les transferts historiques et géographiques des origines de l'islam, l'invention de La Mecque, l'invention du Coran comme livre étant en train d'être dicté mais faisant néanmoins référence à lui-même comme livre déjà écrit, la resacralisation de Jérusalem (à partir d'Abd al-Malik) après sa désacralisation (640) - il y en a tant d'autres ...

Il nous faudra aussi tenir compte des profondes manipulations qu'a subies le texte du Coran. Sa compilation et ses « éditions » aux 7e et 8e siècles, dans les conditions que l'on discerne désormais, puis le travail des scribes des califes de Bagdad ont donné lieu à un bouleversement de l'enchaînement logique des idées dans ses sourates et versets. La disparition de passages entiers, jugés nuisibles aux dogmes nouveaux, et les ajouts de phrases, voire de versets entiers rajoutent à la confusion, aux illogismes, aux ruptures de sens. De plus, les compilateurs ont choisi de classifier les sourates en dépit du bon sens, , par longueur décroissante. Les savants de l'islam qui se sont penchés au cours des premiers siècles sur les incohérences qui en découlent ont dû inventer une chronologie de la révélation des sourates pour les atténuer. Nous avons vu précédemment comment a été institué ce classement parallèle entre sourates dites mecquoises et sourates dites médinoises (on parle aussi de sourates pré-hégiriennes et post-hégiriennes). Ce distinguo arbitraire masque les soubassements historiques véritables et les incohérences du Coran, permettant en outre aux commentateurs de favoriser les commandements de violence et de haine grâce à la doctrine de l'abrogé et de l'abrogeant que l'on a détaillée antérieurement.

Voici donc quelques versets choisis, livrés à la sagacité du lecteur. Ils sont classés en fonction de quelques-unes des grandes thématiques de la prédication des judéonazaréens qui apparaissent lorsqu'on sait les déchiffrer avec les bonnes clés de lecture. Entre histoire sainte musulmane et histoire décryptée, au lecteur averti de choisir quelle version semble la plus vraisemblable.

Ils sont présentés sous forme de tableaux qui détaillent les versets coraniques[150], leur sens en islam[151] et l'interprétation rationnelle que l'on peut en faire en démêlant les diverses manipulations exposées précédemment.

[150] Les textes entre parenthèses (...) sont les commentaires ou aides à la compréhension du texte coranique ajoutés par l'éditeur, selon la tradition islamique (les gloses). Nous avons également ajouté au cas par cas des textes entre crochets [...] pour aider à la compréhension du texte : on y trouvera les mots du Coran en arabe translittéré en alphabet latin, ou des notes de lecture.Les traductions utilisées sont celle de l'IFTA (traduction canonique de référence), de Régis Blachère (orientaliste français) ou de Muhammad Hamidullah (traduction plus littérale et souvent plus proche du sens arabe).

[151] En s'appuyant sur les notes de lectures présentes dans la plupart des éditions du Coran, et sur les divers *tafsir* (exégèse) des savants musulmans

Réciter le lectionnaire adapté en arabe par les judéonazaréens

Pour rappel, les mentions originelles du mot « coran » dans le texte coranique renvoient manifestement à un lectionnaire alors utilisé. Ce lectionnaire est le recueil des textes de la Torah et de l'évangile utilisés par les judéonazaréens, en araméen pour eux-mêmes, en traduction arabe pour leurs alliés arabes. Comme nous l'avons vu, le mot « qur'ân » lui-même trahit cet usage de lectionnaire, tout à fait comparable à l'usage que les chrétiens d'Orient syro-araméens font encore aujourd'hui de leur « qor'ôno » (ou « qer'yana »). Les copies de ce lectionnaires étaient accompagnées d'une prédication orale, réalisée par les judéonazaréens eux-mêmes et par des Arabes convertis, dont Mahomet et sans doute quelques autres prédicateurs.

Pour appuyer cette prédication, les judéonazaréens ont donné leurs instructions par des feuillets de catéchèse, d'enseignement et d'exhortation écrits en langue arabe. Si l'on en juge d'après les manuscrits les plus anciens du recueil qui sera appelé « Coran » à son tour, il s'agissait davantage de notes et d'aide-mémoires que d'un manuel constitué (d'où une rédaction initiale en simples lettres consonantiques, sans voyelles). La forme même de certains versets indique dans certains cas une écriture des feuillets par les disciples arabes, futurs prédicateurs, sous la dictée de leurs maîtres nazaréens. Chaque prédicateur devait ainsi avoir avec lui ses feuillets, pour préparer et structurer ses prêches. Ce sont spécifiquement les collectes, sélections (parfois divergentes) et manipulations de ces feuillets qui seront à l'origine du Coran dans les conditions que nous avons explicitées. Les lectionnaires traduits en arabe ont alors été détruits, de même que les textes de référence des judéonazaréens (lectionnaires en araméen, évangile, Torah, c'est-à-dire le « *Livre* », « *l'Ecrit Mère* »). Ils rappelaient beaucoup trop la mémoire des anciens maîtres pour pouvoir leur survivre.

L'Ornement *s43,2-4*

Coran	(2) Par le **Livre** explicite ! (3) Nous en avons fait un **Coran** arabe afin que vous raisonniez. (4) Il est auprès de Nous, dans l'**Ecriture-Mère** (l'original au ciel), sublime et rempli de sagesse. /IFTA
Sens en islam	*(pré-hégire)* Allah glorifie le **Coran céleste** (cf. le Voyage Nocturne) et la révélation qu'Il en a faite en arabe à Mahomet, pour que les Arabes et tous les hommes à leur suite puissent la comprendre. Il pourra ainsi dans le reste de la sourate exhorter les Mecquois à se convertir en démontant leurs critiques et leur fausse religion.
Décryptage	Les judéonazaréens rappellent aux prédicateurs arabes et aux Arabes eux-mêmes qu'ils ont traduit en arabe un **lectionnaire** constitué de textes choisis de la **Torah** (le « *Livre* » explicite) qu'ils conservent par devers eux, en **hébreu** (l'Ecrit Mère, l'écriture sacrée dans la langue liturgique). Grâce à cela, les Arabes vont pouvoir comprendre par eux-mêmes la sagesse que renferme cette précieuse **Torah**.

La Vache *s2,1*

Coran	(1) Alif, Lam, Mim /IFTA Parfois abrégées en « ALM », ces lettres sont reprises en introduction de 29 des 113 autres sourates du Coran. D'autres groupes de lettres sont repris de la même façon en ouverture d'autres sourates.
Sens en islam	*(pré-hégire)* L'éditeur (commentateur autorisé par l'IFTA) mentionne que « *ces lettres de l'alphabet n'ont pas de sens particulier, le prophète lui-même ne semble pas avoir précisé leur signification.* » Ces lettres restent une énigme de toujours en islam. De très nombreux commentateurs les considèrent comme l'un des miracles du Coran, seul Allah en connaît la signification.
Décryptage	Les lettres « A », « L », « M » en hébreu sont l'abréviation de « *Dieu des Délivrances* », une ouverture traditionnelle de la part des religieux Juifs et judéonazaréens pour leurs prières et prédications. Leurs mentions si nombreuses en ouverture de sourates du Coran indiquent incontestablement ses références juives, ou plutôt judéonazaréennes. Leur oubli complet par la tradition musulmane est très révélateur de l'escamotage ancien de ces références

Joseph s12,1-3

Coran	(1) Alif, Lam, Ra. Tels sont les versets du **Livre** explicite. (2) Nous l'avons fait descendre, un **Coran** en langue arabe, afin que vous raisonniez. (3) Nous te racontons le meilleur récit, grâce à la révélation que Nous te faisons dans ce **Coran**, même si tu étais auparavant du nombre des inattentifs (à ces récits). /IFTA
Sens en islam	*(pré-hégire)* Allah s'adresse à Mahomet. Il se réfère à la révélation de Sa propre parole contenue dans le **Coran**, même si ce dernier n'est pas encore écrit au moment même où l'ange Gabriel fait part de la parole d'Allah à Mahomet. Cette révélation surpasse toutes les révélations antérieures (sous entendu : juive et chrétienne). La suite de la sourate explicitera l'histoire de Joseph fils de Jacob, prophète d'Allah persécuté, dont il faut mettre la persécution en parallèle avec celle de Mahomet par les Mecquois.
Décryptage	Le prédicateur arabe converti au judéonazaréisme (ou judéonazaréen lui-même) s'adresse à un public arabe et lui présente la traduction qu'il a faite en arabe de son **lectionnaire** des textes de la **Torah** et de l'**évangile**. Il s'apprête à commenter pour son public arabe l'histoire du Joseph biblique, contenue dans le « *Livre explicite* » (la **Torah**). Pour ce faire, il a adapté en arabe un des contes juifs traditionnels relatifs à ce Joseph. La suite de cette sourate 12 en est en effet un commentaire totalement incompréhensible sauf pour ceux (arabes chrétiens) connaissant déjà le récit biblique.

Jonas s10,94

Coran	(94) Et si tu es en doute sur ce que nous avons fait descendre vers toi, interroge alors ceux qui lisent le **Livre** révélé avant toi. /IFTA
Sens en islam	*(pré-hégire)* Devant les critiques des Mecquois, Allah recommande à Mahomet et aux musulmans de consulter chrétiens et Juifs qui ont reçu en leur temps la même **révélation**. Cela sera cependant difficile puisqu'ils ont falsifié leurs écritures. Le sens de ce verset est donc à prendre au futur, s'adressant au musulman qui doute et lui recommandant de s'en remettre alors à des musulmans plus sages et plus avancés dans la connaissance de la religion que lui.
Décryptage	Le prédicateur recommande à son auditoire arabe d'interroger directement les judéonazaréens en cas de doute : eux lisent la **Torah** depuis bien longtemps et seront à même de la lui expliquer, ainsi que cette religion nouvelle qu'il est en train de prêcher.

Les Versets Détaillés *s41,44*

Coran	(44) Si nous en avions fait un **Coran** en une langue autre que l'arabe, ils auraient dit : « pourquoi ces versets n'ont-ils pas été exposés clairement ? Quoi ? Un (**Coran**) non arabe et un (messager) arabe ? ». Dis : « pour ceux qui croient, il est une guidée et une guérison ». Et quant à ceux qui ne croient pas, il y a une surdité dans leurs oreilles et ils sont frappés d'aveuglement en ce qui le concerne. » /IFTA
Sens en islam	*(pré-hégire)* Mahomet fait face à la très vive opposition des Mecquois. Allah prend ici acte de leurs critiques quant au choix de l'arabe comme langue de la révélation du **Coran**. Il expliquera par la suite à Mahomet que malgré tous ses efforts, le monde se divisera toujours entre ceux qui croient et ceux qui ne voudront pas croire.
Décryptage	Le maître judéonazaréen explique au prédicateur arabe la nécessité de disposer d'un **lectionnaire en langue arabe** pour prêcher à ses ouailles plutôt que de les renvoyer vers les textes sacrés en hébreu ou vers un lectionnaire écrit en araméen qu'ils ne pourraient comprendre et qu'ils jugeraient étrangers à leur culture. Il lui donne quelques arguments pour convaincre l'auditoire arabe des bénéfices de ce lectionnaire, tout en le prévenant qu'il trouvera toujours des incrédules face à lui.

Les Groupes *s39,28*

Coran	(28) Un **Coran** (en langue) arabe, dénué de tortuosité, afin qu'ils soient pieux ! /IFTA
Sens en islam	*(pré-hégire)* Allah glorifie une fois de plus le **Coran** pour sa propre clarté. Il affirme l'arabe comme langue de Sa révélation ultime. Sa maîtrise est donc nécessaire à sa bonne compréhension.
Décryptage	Ce verset est très proche dans son sens du verset détaillé ci-dessus (s41,44). Le prédicateur y explique à nouveau la nécessité de disposer d'un **lectionnaire en langue arabe**, explicite et compréhensible par les populations arabes, pour leur enseigner la foi judéonazaréenne. Le martèlement de cette thématique indique à quel point cette prédication a du être répétée. Il révèle aussi que la nécessité de justifier le choix du peuple arabe comme récipiendaire de la révélation de Dieu a été un critère important de sélection des feuillets brouillons de prédication pour les premières éditions du Coran sous les tout premiers califes.

La Résurrection *s75,16-19*

Coran	(16) N'en remue pas pour autant ta langue avec ceci, comme pour le hâter [à propos du « jour de la résurrection », cf. s75,6] (17) à Nous, oui, son ordonnance [littéralement: son rassemblement] et sa **récitation** [litt.: **qur'ân**]. (18) Quand donc nous l'aurons récité, alors suis sa **récitation** [litt.: **qur'ân**] (19) À nous ensuite son exposé [ou éclaircissement]. /Hamidullah
Sens en islam	*(pré-hégire)* Le mot **qur'ân** présent aux versets 17 et 18 est lu comme désignant le **texte coranique**. Dès lors, il faut gloser les versets de sorte qu'ils s'y rapportent. L'IFTA propose ainsi cette traduction : *(16) Ne remue pas ta langue pour hâter sa récitation : (17) son rassemblement [du* **Coran***]* ***(dans ton cœur et sa fixation dans ta mémoire)*** *nous incombe ainsi que la façon de le réciter.* Selon le commentaire islamique, on voit donc ici Allah demander à Mahomet de ne pas en dire plus que ce qui lui a déjà été révélé et de se conformer exactement aux modalités de la récitation du **Coran** comme elle a été faite par l'ange Gabriel, sans chercher à interpréter par lui-même ce qui ne revient qu'à Allah. Ces versets garantissent que Mahomet a prêché l'exacte révélation d'Allah, ni plus, ni moins. L'affirmation de l'impossibilité pour l'homme d'interpréter le Coran (ce qui ne revient qu'à Allah Lui-même) est reprise en s3,7 : « (...) *nul n'en connait l'interprétation à part Allah* ».
Décryptage	Le mot « *qur'ân* » désigne le **lectionnaire** (la récitation) traduit par les judéonazaréens pour leurs alliés arabes. Les manipulations du texte coranique effectuées au temps des califes ont voulu lui faire évoquer le Coran céleste (c'est le but des ajouts). Mais ici, il apparaît avec son sens premier, celui de **récitation**. Qu'est-ce que les Arabes ont à réciter ? Ce qu'ils ont appris au sujet du « *Jour du Jugement* ». Ainsi Régis Blachère propose-t-il cette traduction : *(17) À nous de le rassembler et de le prêcher. (18) Quand Nous le prêchons, suis-en la prédication.* La signification de ces versets se trouve donc toute entière dans le thème unique de la sourate 75 : le jugement à venir, la fin des temps, l'avènement de la société parfaite qu'attendent impatiemment les judéonazaréens et leurs alliés arabes. Dans l'extrait particulier de cette sourate, nous voyons le maître judéonazaréen réprimander son élève, prédicateur de langue arabe fébrile devant la perspective du « *Jour du Jugement* ». Ils lui enjoignent de s'en tenir strictement à l'enseignement qu'il reçoit, aux textes du **lectionnaire** qu'il doit apprendre par cœur, et dont la compilation (l'ordonnancement) et l'explication relèvent des seuls judéonazaréens.

Gagner les Arabes au projet messianiste

Le but de l'endoctrinement judéonazaréen est d'exploiter les Arabes au service du projet de reconquête de Jérusalem, de reconstruction du temple et de retour du « *Messie Jésus* ». Ce projet est à replacer dans la vision du monde selon les judéonazaréens forgée par leur messianisme : les vrais croyants de la vraie religion, les purs, les justes doivent travailler au retour du messie sur terre. Il fera alors d'eux ses élus dans son nouveau royaume terrestre, dont il aura éradiqué tout opposant (et donc tout mal). Tout cela pour qu'ils y vivent dans les délices et la félicité.

La Vache *s2,127*

Coran	(127) Et quand Abraham et Ismaël élevaient les assises de la **Maison** : « Ô notre Seigneur, accepte ceci de notre part ! Car c'est Toi l'Audient, l'Omniscient ». /IFTA
Sens en islam	*(post-hégire)* Allah enseigne à Mahomet qu'Abraham et son fils Ismaël ont construit en leur temps le sanctuaire de La Mecque, la **Kaaba** (sur les fondations de la première Kaaba construite par Adam). C'est pour cela que les musulmans, qui sont les véritables et uniques successeurs d'Abraham dans la vraie religion, doivent prier en direction de la **Kaaba**.
Décryptage	Ce verset est particulièrement mal traduit (du moins est-il traduit dans le sens exigé par son interprétation en islam). Il faut lire ainsi son début : « *Alors Abraham relèvera les assises provenant du temple* (« bayt », maison, temple) *avec l'aide d'Ismaël* ». Le prédicateur évoque le projet de reconstruire le **temple de Jérusalem** à partir de ses ruines. Ce sera le fruit d'une collaboration entre les fils d'Abraham (les vrais Juifs, les Juifs justes c'est-à-dire les judéonazaréens) et les fils d'Ismaël (les Arabes).

Le Figuier *s95,1-6*

Coran	(1) Par le **figuier** et par l'**olivier** ! (2) Et par le mont Sinin (le mont Sinaï) ! (3) Et par cette **Cité sûre** ! (4) Nous avons certes créé l'homme dans la forme la plus parfaite. (5) Ensuite nous l'avons ramené au plus bas, (6) sauf ceux qui croient et accomplissent les bonnes œuvres : ceux-là auront une récompense jamais interrompue. /IFTA
Sens en islam	*(pré-hégire)* Evoquant les territoires produisant le **figuier** et l'**olivier** (Israël, la Judée-Palestine, lieu de la révélation d'Allah à Jésus), le mont Sinaï (lieu de la révélation d'Allah à Moïse) et la ville de **La Mecque** (cité sûre, lieu de la révélation d'Allah à Mahomet), Allah fait allusion aux trois révélations monothéistes pour exalter l'islam dans sa création, l'Homme, qu'il a créé initialement musulman (« *sa forme la plus parfaite* », supérieure donc à toutes les autres qui sont « *au plus bas* »). Il exhorte par la suite l'Homme à embrasser l'islam et à accomplir sa divine volonté pour accéder au paradis céleste.
Décryptage	Evoquant successivement le **Mont des Figuiers** (symbole du jardin-paradis[152]), le **Mont des Oliviers** (colline de Jérusalem, lieu du retour du « *Messie Jésus* » dans toute sa puissance, point focal de l'eschatologie développée par les judéonazaréens), le Mont Sinaï (la rencontre de Moïse avec Dieu, où est reçue la Torah), et la **terre sainte**, Israël (la traduction force le sens de l'expression arabe « *contrée sûre* » en « *cité sûre* » pour mieux pouvoir désigner La Mecque), le prédicateur dessine le destin du croyant dans la foi judéonazaréenne : enseigné par Moïse dans la vraie « *religion d'Abraham* », il est appelé à accomplir la volonté de Dieu pour faire revenir Jésus et goûter en récompense aux délices du paradis terrestre, comme élu du royaume du messie.

[152] Le mont des figuiers (Tell-el-Tin) est une colline émergeant du lac artificiel de Homs, en Syrie Cette région fut le principal foyer judéonazaréen. La présence du Mont des Figuiers (qui existe toujours aujourd'hui : https://goo.gl/maps/aVLqr) y est attestée de très longue date (1er siècle, par Strabon) et a dû marquer les esprits par sa luxuriance et son caractère prolifique.

Marie s19,34-38,40

Coran	(34). Tel est Issa (Jésus), fils de Marie : parole de vérité, dont ils doutent (35). Il ne convient pas à Allah de S'attribuer un fils. Gloire et Pureté à Lui ! Quand Il décide d'une chose, Il dit seulement : "Sois ! " et elle est. (36). « Certes, Allah est mon Seigneur tout comme votre Seigneur. Adorez-le donc. Voilà un droit chemin ». (37) (Par la suite,) les sectes divergèrent entre elles. Alors, malheur aux **mécréants** [koufar] lors de la vue d'un jour terrible ! (38) Comme ils entendront et verront bien le jour où ils viendront à Nous ! Mais aujourd'hui, les injustes sont dans un égarement évident. (40) C'est Nous, en vérité, qui hériterons **la terre** et tout ce qui s'y trouve, et c'est à Nous qu'ils seront ramenés. /IFTA
Sens en islam	*(pré-hégire)* Dans le contexte de la fuite en Abyssinie chrétienne de certains musulmans persécutés par les Mecquois, Allah remet les points sur les « i » à propos du christianisme : Il confirme Issa (Jésus) non pas comme Son fils mais comme Son prophète, le prédécesseur de Mahomet. Les hommes n'ont pourtant pas suivi la révélation d'Issa, ont mécru injustement et se sont égarés. Ils en seront bien punis au jour du jugement dernier[153], et seront forcés de reconnaître la supériorité des musulmans, des vrais croyants. Le verset 40 affirme par la suite la vocation de l'islam à dominer et supplanter toute religion sur l'ensemble de la terre, et celle des **mécréants** à se soumettre aux musulmans.
Décryptage	En butte aux critiques de son auditoire christianisé, le prédicateur explique que Jésus n'est pas le fils de Dieu, mais un envoyé de Dieu venu demander qu'il soit adoré dans la vraie religion, dans le droit chemin. La transition du verset 36 au verset 37 est peu compréhensible. Un passage semble avoir disparu (il devait sans doute mentionner explicitement que les judéonazaréens étaient les vrais disciples de Jésus). Le prédicateur indique par la suite que si plusieurs groupes ont pu suivre plus ou moins l'enseignement de Jésus, les **Juifs rabbiniques** (koufar) s'y sont opposés. Raison pour laquelle ils seront châtiés au « *Jour du Jugement* », lorsque le messie reviendra. Car ceux qui hériteront alors de **la terre sainte**, d'Israël, ce seront les Justes, les élus dans le royaume du messie, à savoir les judéonazaréens et leurs alliés au sein de l'oumma.

[153] Ce jour là, Allah ressuscitera tous les morts (« *Jour de la Résurrection* »), qu'ils soient en enfer ou au paradis, et les rassemblera avec les vivants. Et ce sera le « *Jour du regret* » pour les mécréants qui seront alors confondus par leur propre mécréance et seront appelés au châtiment éternel, tandis que les justes, les bons croyants, seront rétribués.

Distinguer les bons Juifs des mauvais Juifs

Les judéonazaréens ont dû expliquer aux Arabes en quoi leur foi s'oppose à celle des Juifs rabbiniques. De prime abord, ce n'est pas évident : les uns et les autres sont Juifs, se réclament d'Abraham et de son fils Isaac, et partagent la même Torah. Il fallait donc expliquer qui étaient les bons, ceux qui suivaient la vraie « religion d'Abraham » et croyaient dans le « Messie Jésus », et qui étaient les mauvais, ceux qui avaient recouvert le sens des saintes écritures, le Livre, par l'adjonction (et la primauté) des talmuds.

L'Araignée *s29,46-47*

Coran	(46) Et ne discutez que de la meilleure façon avec les **gens du Livre**, sauf ceux d'entre eux qui sont injustes. Et dites : « Nous croyons en ce qu'on a fait descendre vers nous et descendre vers vous, tandis que notre Dieu et votre Dieu est le même, et c'est à Lui que nous nous soumettons ». (47) C'est ainsi que Nous t'avons fait descendre le **Livre** (le Coran). Ceux à qui Nous avons donné le **Livre** y croient. Et parmi ceux-ci, il en est qui y croient. Seuls les **mécréants** [koufar] renient Nos versets. /IFTA
Sens en islam	*(pré-hégire)* Allah demande à Mahomet d'enseigner aux musulmans la juste conduite à l'égard des autres gens du Livre, les **Juifs et les chrétiens :** ils ont reçu en leur temps la même **révélation** que les musulmans. Il convient donc d'accueillir ceux qui ont reçu la **Torah** et l'**évangile**, et qui, sans se soumettre à leur falsification, restent des bons croyants (Qui et où lors de la prédication de Mahomet à La Mecque ? Les commentateurs ne le précisent pas, renvoyant cela vers les Juifs et chrétiens convertis par la suite à l'islam). Il faut les distinguer de ceux qui persistent dans leur mécréance, et combattent la nouvelle révélation d'Allah.
Décryptage	Le prédicateur enseigne son auditoire arabe à distinguer les bons et les mauvais croyants parmi les gens du Livre (c'est-à-dire **les Juifs**,) : parmi **les Juifs** qui croient dans **la Torah** il faut distinguer entre bons, les judéonazaréens, et mauvais, les injustes, ceux qui suivent le **judaïsme rabbinique**. L'adoration du même Dieu et le partage de la même **Torah** réunissent les judéonazaréens et les Arabes convertis dans une même communauté de religion, malgré la différence d'ethnie. Le **judaïsme rabbinique** combat les versets de la vraie « religion d'Abraham » en les recouvrant (« kafara »).

Cette thématique de la condamnation du judaïsme rabbinique (sous le terme de « Yahud » ou de « gens du Livre ») est d'ailleurs l'une des principales du Coran. Ce simple constat suffit à attirer l'attention : pourquoi une nouvelle révélation de Dieu censée être donnée à des polythéistes ignorants devrait-elle autant insister sur les Juifs ? Quel est ce lien non dit par le discours musulman entre révélation d'Allah et judaïsme ?

L'Araignée *s29, 61*

Coran	(61) Si tu leur demandes [aux **mécréants**, cf. s29,54] : « Qui a créé les cieux et la terre, et assujetti le soleil et la lune ? », ils diront très certainement : « Allah ». Comment se fait-il qu'ensuite ils se détournent (du chemin droit) ? /IFTA
Sens en islam	*(pré-hégire)* Allah met en garde Mahomet contre les **mécréants et les polythéistes** de La Mecque qui même s'ils semblent acquiescer à la foi musulmane finissent par dévier des commandements divins. Un esprit chagrin pourrait remarquer qu'il s'agit de bien curieux polythéistes que ceux-là qui professent leur foi dans le dieu unique.
Décryptage	Le prédicateur incite son auditoire arabe (et chrétien affirmant sa foi dans le Dieu unique et créateur) à faire attention aux **Juifs rabbiniques** : ils semblent professer la même foi dans le même dieu que les judéonazaréens et les Arabes convertis, mais en réalité, ils ne suivent pas la vraie « religion d'Abraham ». (on observe quasiment la même prédication en s31,25 et s39,38)

La Famille d'Imran *s3,78*

Coran	(78) Et il y a parmi eux [les **gens du Livre**, cf. s3,75] certains qui roulent leur langue en lisant **le Livre** pour vous faire croire que cela provient du **Livre**, alors qu'il n'est point du **Livre**; et ils disent : « Ceci vient d'Allah », alors qu'il ne vient point d'Allah. Ils disent sciemment des mensonges contre Allah. /IFTA
Sens en islam	*(post-hégire)* Allah apprend à Mahomet à se méfier de la perfidie des gens du Livre (le contexte renvoie surtout aux **Juifs** de Médine) qui cherchent à détourner les musulmans de la vraie foi en critiquant le **Coran** par la ruse, en lui attribuant de fausses citations qui ne sont que mensonge.
Décryptage	Le prédicateur arabe met en garde ses ouailles contre les **Juifs rabbiniques** qui ont constitué des écrits autres que la **Torah**, à savoir les talmuds (d'autres traductions rendent « *roulent leur langue* » par « *retournent la langue* » ou « *ont adjoint leur langage* »). Ce sont des menteurs car ils attribuent à Dieu ce qu'il n'a pas mentionné dans la **Torah**.

La Famille d'Imran *s3,113-114*

Coran	(113) Il est, parmi les **gens du Livre**, une **communauté** [umma] droite qui, aux heures de la nuit, récite les versets d'Allah en se prosternant. (114) Ils croient en Allah et au Jour dernier, ordonnent le convenable, interdisent le blâmable et concourent aux bonnes œuvres. Ceux-là sont des gens de bien. /IFTA
Sens en islam	*(post-hégire)* Allah affirme la supériorité des **musulmans**, la « *communauté droite* » sur les **Juifs** et les **chrétiens** (les autres « *gens du Livre* »). Les musulmans sont des « gens de bien » car ils prient comme il faut et appliquent les commandements d'Allah.
Décryptage	Le prédicateur arabe recommande à son auditoire arabe de faire la différence parmi les **Juifs** (les gens du « *Livre* », les gens de la Torah) entre les bons et les autres. Les bons parmi eux, ce sont ceux du **clan des judéonazaréens**. Ils appliquent la loi divine contenue dans la Torah, croient au jugement dernier et au retour du messie, et leurs moines et prêtres se relèvent la nuit pour leur prière. Les autres, les mauvaises « *gens du Livre* », ce sont les Juifs rabbiniques (les koufar).

Le Rang *s61,14*

Coran	(14) Ô vous qui avez cru ! Soyez les secoureurs d'Allah, à l'instar de ce que Jésus fils de Marie a dit aux apôtres : « qui sont mes alliés (pour la cause) d'Allah ? » Les apôtres dirent « nous sommes les alliés d'Allah ». Un groupe des Enfants d'Israël crut, tandis qu'**un groupe nia** [kafarat]. /Hamidullah
Sens en islam	*(post-hégire)* Certains Juifs avaient reconnu en Jésus, à son époque, un prophète d'Allah, avaient suivi ses commandements et rejoint la cause d'Allah, tandis que d'autres l'avaient alors rejeté. Hélas, au temps de Mahomet, presque **tous les Juifs** avaient fini par mécroire, et falsifier leurs écritures. Ce verset est souvent invoqué de nos jours par certains musulmans pour dénouer la contradiction du Coran qui tantôt condamne les chrétiens (cf. pages suivantes), tantôt appelle à les traiter bien. Ils veulent voir dans ce verset l'origine des « bons » chrétiens (nasara) mentionnés par le Coran. Ils seraient ce qui en restait au 7e siècle de ce « *groupe des Enfants d'Israël* » qui a cru et que Mahomet aurait côtoyés avec bienveillance. Ceci n'explique pas cependant pourquoi on ne trouve aucune trace de ces « chrétiens » après Mahomet dans la légende musulmane, ni pourquoi ces « chrétiens » ne méritaient-ils pas la condamnation de tous les autres chrétiens pour associationnisme.
Décryptage	Ce verset présente avec toute la sourate 61 des manipulations importantes du texte, bien postérieures au temps des tous premiers califes. Elles visaient à accréditer l'annonce de la venue de Mahomet par Jésus. Malgré celles-ci, nous pouvons retenir de ce verset qu'on y voit le prédicateur partager les Juifs entre ceux qui nient, qui dissimulent (leur textes sacrés), dit le texte en arabe), c'est-à-dire les **Juifs rabbiniques**, et un autre groupe de Juifs, qui se veulent les vrais croyants : les judéonazaréens.

Répondre aux objections chrétiennes ou judaïques

Il a fallu batailler ferme pour convaincre l'auditoire arabe christianisé (l'Arabie pétrinienne de la fin du 5e et du 6e siècle, soit à peu près la Syrie actuelle) et rétorquer aux critiques des Juifs rabbiniques venant à rencontrer les judéonazaréens. Que répondre aux objections des uns et des autres ?

Le Discernement *s25,4-5*

Coran	(4) Les **mécréants** [koufar] disent : « Tout ceci n'est qu'un mensonge qu'il a inventé, et où d'autres gens l'ont aidé ». Or ils commettent là une injustice et un mensonge. (5) Et ils disent : « Ce sont des contes d'anciens qu'il se fait écrire ! On les lui dicte matin et soir ! » /IFTA
Sens en islam	*(pré-hégire)* Alors à La Mecque, Mahomet est en butte aux critiques des Arabes **polythéistes** qui se moquent injustement de ses prédications. Ils mentent à son sujet, ils le calomnient en prétendant qu'il n'aurait pas reçu la révélation d'Allah par l'ange Gabriel, mais que ce serait une supercherie.
Décryptage	Le prédicateur arabe se défend des critiques des **Juifs rabbiniques** (koufar). Ceux-ci l'accusent (à raison) de se référer aux textes juifs anciens que lui enseignent les judéonazaréens, de n'en être que de simples répétiteurs. [154].

[154] Autre traduction de ce verset proposée par Alfred-Louis de Prémare dans Les fondations de l'islam : « *Ceux qui mécroient* [ont recouvert] *ont dit : « Ceci n'est que tromperie qu'il a forgée avec l'aide d'autres groupes ! », alors que ce sont eux qui ont produit injustice et falsification en disant : « Ce sont des écrits des anciens qu'il a recopiés car on les lui dicte matin et soir.* »

Les Abeilles *s16,103*

Coran	(103) Et nous savons parfaitement ce qu'ils disent : « Ce n'est qu'un être humain qui lui enseigne (le Coran) ». Or, la langue de celui auquel ils font allusion est étrangère, et celle-ci est une langue arabe claire. /IFTA
Sens en islam	*(pré-hégire)* Allah réconforte Mahomet en butte aux critiques lui reprochant de ne faire que colporter les enseignements d'un étranger, alors que c'est l'ange Gabriel lui-même qui lui parle. Il lui rappelle que la révélation est proclamée en langue arabe, et préfigure là le dogme de l'inimitabilité du Coran. De toute façon, il est impensable qu'un homme enseigne Mahomet.
Décryptage	La traduction littérale d'Hamidullah indique : « *Oui quelqu'un* [un homme] *l'enseigne* ». Il n'est donc pas question ici de mention implicite à l'ange Gabriel, ajoutée tardivement par les commentateurs pour occulter l'inspirateur du verset, de langue juive, enseignant le ou les formateurs arabes. Celui-ci leur enjoint de répondre aux critiques : il n'enseigne pas une religion étrangère mais une religion arabe, pour les Arabes, compréhensible et à leur portée, puisque prêchée dans leur langue.

La Table Servie *s5,82*

Coran	Tu trouveras certainement que les Juifs et les **associateurs** sont les ennemis les plus acharnés des croyants. Et tu trouveras certes que les plus disposés à aimer les croyants sont ceux qui disent : « Nous sommes **chrétiens** » [nasara]. C'est qu'il y a parmi eux des prêtres et des moines, et qu'ils ne s'enflent pas d'orgueil. /IFTA
Sens en islam	*(post-hégire)* Allah met en garde Mahomet contre les Juifs et les **polythéistes** : ce sont les ennemis des musulmans ! Mais les **chrétiens**, plus enclins à suivre la vérité, particulièrement les humbles moines et prêtres, ne veulent cependant pas autant de mal aux musulmans que ceux-là. Allah interdit toutefois de s'en faire des alliés (cf. s5,51) car ce sont des mécréants (cf. 5,72).
Décryptage	Le prédicateur arabe avertit ses ouailles de se méfier des Juifs et des **chrétiens** (associateurs), qui ne manqueront pas de critiquer l'hérésie que représente pour eux le judéonazaréisme. Celui-ci compte depuis le début des prêtres (qui célèbrent des messes sans vin) et des consacrés. Ils sont, parmi les **judéonazaréens** (nasara), les meilleurs exemples à suivre pour les Arabes ralliés.

Mettre en œuvre le projet politico-religieux

Le Coran conserve pour qui sait le lire les témoignages édifiants des tentatives de l'oumma judéo-arabe de conquérir Jérusalem, d'y relever le temple et d'y faire revenir le messie. Certains détails de l'expédition de 614, aux côtés des Perses du général Romizanès, apparaissent ainsi en pleine lumière (sourate « La Victoire Eclatante ») ; la bataille de Muta (629) est aussi évoquée (sourate « Les Romains »).

La Victoire Eclatante *s48,20*

Coran	(20) Allah vous a promis un abondant **butin** que vous prendrez, et Il a hâté pour vous celle-ci (cette victoire, cette prise) et repoussé de vous les mains des gens, afin que tout cela soit un signe pour les croyants et qu'Il vous guide dans un droit chemin /IFTA
Sens en islam	*(post-hégire)* Mahomet a lancé une expédition vers La Mecque avec ses partisans médinois, après s'être vu y marcher en songe pour effectuer le pèlerinage (cf. plus bas, en s48,27). Cette sourate révélée juste après l'échec de cette expédition veut réconforter Mahomet et ses compagnons. Dans ce verset particulier, Allah fait allusion à la prise sans combat de la ville de Khaybar en 629 une **ville peuplée de Juifs** (dont les médinois expulsés). Cette prise participe des campagnes de conquêtes et des campagnes contre les Mecquois menées par Mahomet depuis Médine.
Décryptage	En 614, **Jérusalem** a été prise par les Perses, aidés de troupes auxiliaires arabes et juives parmi lesquels se trouvaient des membres de l'alliance entre qoréchites et judéonazaréens. Mais la ville a été remise aux mains des seuls Juifs rabbiniques. Les arabo-judéonazaréens ne profiteront donc pas longtemps de la victoire, comme les versets suivants vont le préciser (cf. plus bas en s48,25).

La Victoire Eclatante *s48, 21-22*

Coran	(21) Il vous promet un autre butin que vous ne seriez jamais capables de remporter et qu'Allah a embrassé en Sa puissance, car Allah est Omnipotent. (22) Et si ceux qui ont **mécru** [kafarū] vous combattent, ils se détourneront, certes ; puis ils ne trouveront ni allié ni secoureur. /IFTA
Sens en islam	Pour revigorer Mahomet et ses compagnons après l'échec de leur tentative d'entrée à La Mecque, Allah fait ici une allusion à la conquête à venir de La Mecque. Il pousse Mahomet à y encourager les croyants, et à ne pas craindre l'opposition des **Mecquois infidèles**, qui finiront par perdre les combats.
Décryptage	Le prédicateur rappelle aux troupes arabes que le but de la conquête de Jérusalem visait à y faire revenir le messie pour les établir comme élus dans son royaume (« *un autre butin* ».). Il ne faut donc pas craindre l'autorité nouvelle des **Juifs rabbiniques** [koufar] sur la ville prise, car le retour du messie les confondra, et ils ne pourront plus alors trouver du secours auprès de Romizanès, le général en chef perse qui les a rétablis à Jérusalem (leur « *allié* » et « *secoureur* »).

La Victoire Eclatante *s48,24*

Coran	(24) C'est Lui qui, dans la **vallée de La Mecque** [makkah], a écarté leurs mains de vous, de même qu'Il a écarté vos mains d'eux, après vous avoir fait triompher sur eux. Et Dieu voit parfaitement ce que vous œuvrez. /IFTA
Sens en islam	*(post-hégire)* Le refus des Mecquois de permettre aux Médinois de Mahomet d'entrer à La Mecque pour le pèlerinage a failli provoquer une bataille rangée. Le casus belli s'est finalement conclu par une trêve entre Mahomet et les Médinois (la trêve d'Hudaybiya). Bien que difficile à accepter, il faut considérer cette trêve comme un « triomphe » puisque Allah l'explicite ainsi dans ce verset. D'une certaine manière, il prévoit même la reddition sans combattre de La Mecque, qui interviendra en 630 (cf. plus bas en s48,27).
Décryptage	Le prédicateur fait référence à l'épisode qui a vu les Juifs rabbiniques s'opposer à l'oumma arabo-nazaréenne. Il s'agissait pour ces derniers d'accéder à l'esplanade du temple pour y reprendre les sacrifices anciens par des prêtres légitimes. Cet épisode semble s'être déroulé dans l'**une des vallées** conduisant à Jérusalem (probablement le val de Bakka, aux portes mêmes de Jérusalem, cité en s3,96 – le discours musulman veut d'ailleurs voir dans ce Bakka une allusion à La Mecque).

La Victoire Eclatante *s48, 25*

Coran	(25) Ce sont eux qui ont **mécru** [kafarū] et qui vous ont obstrué le chemin de la **Mosquée Sacrée** [masjid al haram] (et ont empêché) que les offrandes entravées parvinssent à leur lieu d'immolation. S'il n'y avait pas eu des hommes croyants et des femmes croyantes (parmi les Mecquois) que vous ne connaissiez pas et que vous auriez pu piétiner sans le savoir, vous rendant ainsi coupables d'une action répréhensible ... (Tout cela s'est fait) pour que Dieu fasse entrer qui Il veut dans Sa miséricorde. Et s'ils (les croyants) s'étaient signalés, Nous aurions certes châtié d'un châtiment douloureux ceux qui avaient **mécru** [kafarū] parmi (les Mecquois). /IFTA
Sens en islam	*(post-hégire)* Allah explique à la fois pourquoi la ville de La Mecque, lieu de la **Mosquée Sacrée**, se rendra sans finalement combattre (même s'il s'exprime au passé), et pourquoi il fallait conclure cette trêve : c'est parce qu'il se trouve des bons musulmans parmi les mécréants mecquois. Allah ne saurait donc permettre aux armées de Mahomet de conquérir la ville par la force, au risque de tuer des musulmans dans la mêlée, en les confondant avec les **infidèles**. Ces derniers méritent pourtant bien leur châtiment.
Décryptage	Le prédicateur explique aux Arabes pourquoi les rites sacrificiels (allusion aux bêtes attachées prêtes pour le sacrifice) n'ont pu être réalisés sur l'esplanade du **temple de Jérusalem** (le masjid al haram), la reprise du culte ancien par des prêtres véritables étant une condition préalable au retour du messie. Les **Juifs rabbiniques** les ont en effet empêchés. Le prédicateur justifie la retraite peu glorieuse des arabo-judéonazaréens par un prétexte : ils auraient eu peur de faire couler le sang de Juifs amis[155], ce qui n'aurait pas manqué s'ils étaient entrés de force à Jérusalem. On peut penser qu'ils ont aussi eu peur de se faire battre par les Juifs rabbiniques, alors en situation de force du fait de l'appui de Romizanès.

[155] Les judéonazaréens n'étaient pas les seuls Juifs à porter ce projet messianiste, comme on l'a vu en détaillant précédemment certaines insurrections juives et projets de reconstruction du Temple à visées messianistes

La Victoire Eclatante *s48,27-28*

Coran	(27) Allah a été véridique en la vision par laquelle Il annonça à Son messager en toute vérité : vous entrerez dans la **Mosquée Sacrée** [masjid al haram] si Dieu veut, en toute sécurité, ayant rasé vos têtes ou coupé vos cheveux, sans aucune crainte. Il savait donc ce que vous ne saviez pas. Il a placé en deçà de cela (la trêve de Hudaybiya) une victoire proche. (28) C'est Lui qui a envoyé Son messager avec la guidée et la religion de vérité (l'islam) pour la faire triompher sur toute autre religion. Dieu suffit comme témoin. /IFTA
Sens en islam	*(post-hégire)* Allah conforte son messager : la promesse de conquête de **La Mecque** reste valide, Allah ne saurait mentir : la trêve d'Hudaybiya qu'évoque le discours islamique annexe au Coran n'est qu'un répit. La victoire est proche, elle est même déjà acquise. Allah explicite par ailleurs certaines modalités du pèlerinage à La Mecque, encore appliquées de nos jours.
Décryptage	Il y a tout lieu de penser que la mention au verset 27 d'un messager est un ajout (mention absente des versets précédents), à la différence du verset 28 où les termes de « *guidée* » et de « *vérité* » caractérisent le « *messager Jésus* ». Le verset 29, censé conclure la sourate, est un long ajout qui cite nommément Mahomet (au lieu de Jésus) comme messager et qui présente ses disciples comme réalisant des prophéties de la Torah et de l'Evangile (le changement de style du verset 29 le trahit comme ajout à la sourate, qui se terminait initialement au verset 28). Au verset 27, le prédicateur assure simplement aux Arabes expulsés de Jérusalem que Dieu leur livrera prochainement la ville sainte. Ils doivent s'y préparer en se consacrant comme les « Nazirs » du livre des Nombres (chap. 6) qui se rasaient la tête avant de présenter leurs offrandes devant la tente-**temple**.

Les Romains *s30,2-6*

Coran	(2) Les Romains ont été vaincus, (3) dans **le pays** [la Terre] **voisin**, et après leur défaite ils seront les vainqueurs, (4) dans quelques années. A Allah appartient le commandement, au début et à la fin, et ce jour-là les Croyants se réjouiront (5) du secours d'Allah. Il secourt qui Il veut et Il est le Tout Puissant, le Tout Miséricordieux. (6). C'est (là) la promesse d'Allah. Allah ne manque jamais à Sa promesse mais la plupart des gens ne savent pas. /IFTA
Sens en islam	*(pré-hégire)* Le « *pays voisin* » de La Mecque, bien que distant de 1300 km est bien la Palestine. Nous voyons ici un miracle du Coran : Allah révèle cette sourate à Mahomet peu après 614, alors que les Romains (les Byzantins) sont battus dans tout le Proche-Orient par les Perses (avec notamment la prise de Jérusalem en 614). Il prédit la reconquête qu'entreprendra Héraclius à partir de 622, couronnée par la reprise de Jérusalem en 627. Une victoire dont les musulmans doivent se réjouir car non seulement elle valide la prédiction, mais de plus, devant l'évidence de ce miracle coranique, de nombreux polythéistes mecquois se convertiront à l'islam.
Décryptage	Une lecture bien plus simple de ce verset s'impose. Plutôt que d'imaginer que les musulmans se réjouissent d'une victoire future des Byzantins, il faut lire ces versets comme concernant l'épisode de la conquête ratée de 629 par les arabo-judéonazaréens. En effet, l'actif et le passif en arabe se distinguent par des différences de voyelle[156], qui de toute façon sont absentes des textes anciens. La lecture qui parait évidente est celle-ci, comme l'avait compris Régis Blachère : *(2) Les Romains ont vaincu (3) au plus proche de la Terre [la* **Terre sainte***], mais eux, après leur victoire seront vaincus (4) dans quelques années .... Alors les croyants se réjouiront du secours d'Allah.* Il s'agit clairement de remonter le moral des troupes arabes après la déroute de Mu'ta face aux Byzantins en 629, alors que l'oumma était si près d'accéder à la **terre sainte**.

156 En écriture consonantique, le verbe « vaincre » (g-l-b) est identique dans ses conjugaisons à l'actif et au passif, au présent (g-l-b→ ġulibat / « *ont été vaincus* » au lieu de g-l-b→ ġalibat / « *ont vaincu* ») et au futur (yagliboun / « *vaincront* » au lieu de yuglaboun / « *seront vaincus* »). Seules les voyelles, non écrites dans les feuillets originaux et dans les proto-corans, permettent de différencier ces deux formes. Cette manipulation visait sans doute à occulter les traces du passage de Mahomet en Judée-Palestine (que serait-il allé y faire ?) et à éviter ainsi d'évoquer une défaite de sa part.

Le Coran si compliqué s'éclaire. La compréhension des mécanismes de manipulation du texte par le discours musulman permet effectivement de décrypter la signification alambiquée que la tradition s'efforce de lui donner. Sa lecture « judéonazaréenne » est nettement plus simple et l'on voit ainsi une tout autre histoire apparaître en filigrane : l'histoire réelle de l'endoctrinement des Arabes par les judéonazaréens, l'explicitation de la religion judéonazaréenne aux néophytes arabes, l'embrigadement dans le projet messianiste, les exhortations pour la conquête de Jérusalem, les aléas des batailles, la reprise en main dans les moments de découragement ... Pour qui sait le lire, le Coran reflète encore, partiellement, l'histoire authentique de ses origines. **Le grand secret de l'islam est encapsulé dans le Coran**.

Il faut toutefois relativiser la portée du Coran dans l'islam : bien qu'il soit dit représenter le pivot de la foi musulmane, sa révélation (révélation qui se partage en réalité entre Coran et personne de Mahomet, par l'exemple de sa conduite relatée par les hadiths et la *sîra*), il faut bien comprendre qu'il n'est qu'un élément contributif de cette foi : les musulmans ne le lisent qu'au travers du canevas issu des traditions (hadiths, *sîra* et commentaires autorisés). La plupart des musulmans au cours de l'Histoire ne l'ont même jamais lu, n'étant plus ou moins instruits que du discours général. D'ailleurs, les premiers conquérants « islamiques » ne le connaissaient pas. Rappelons que les Maures débarqués en Espagne au 8e siècle semblaient ignorer le Coran (cf. note 88). La diffusion de masse du Coran n'est qu'un phénomène très récent.

Mais si aujourd'hui, alors que les technologies et l'alphabétisation ont permis de le rendre accessible à tous, de très nombreux musulmans ne connaissent pas vraiment le Coran et n'osent même le lire tant ils ont peur du sacré qui l'auréole. Dans les faits, **l'islam est avant tout un discours**. Le texte coranique, tout comme les autres sources de la foi musulmanes, tout comme les hadiths, la *sîra*, l'histoire musulmane et même la personne du prophète Mahomet ne servent qu'à justifier quelque chose de bien plus important qu'eux-mêmes : ils fondent cette conscience des musulmans d'avoir été choisis par Dieu pour établir sa loi sur le monde entier. Selon cette conviction messianiste, l'avenir du monde serait islamique, l'islam serait son salut, ce salut devant s'établir à jamais avec le retour du « Messie Jésus » à la fin des temps (et la venue du Mahdi qui unifiera l'oumma). Alors, Dieu donnerait ce monde libéré du mal à ses élus pour y vivre dans la félicité éternelle.

***

Telle est la conclusion de l'Histoire envisagée par les commentateurs musulmans, par-delà la diversité impressionnante de leurs scénarios respectifs. A l'issue de ces pages, on pourra toutefois proposer une conclusion bien différente.

CONCLUSION

Les pièces du **puzzle historique** s'imbriquent. La démarche méticuleuse d'Edouard-Marie Gallez, au fil de son travail d'historien des idées et des religions, présente à la lumière le « grand secret de l'islam » : mise à jour du projet judéonazaréen, du contexte politico-religieux de son émergence, de son déploiement dans l'histoire et de sa transmission aux Arabes, (re)découverte des témoignages archéologiques et des textes contemporains des débuts de l'islam si longtemps occultés, analyse scientifique des sources musulmanes, en particulier du texte coranique lui-même, compréhension de la force intrinsèque sous-tendant le projet messianiste musulman, analyse des mécanismes de réécriture de l'histoire ... L'apparition de l'islam tel qu'il se présente aujourd'hui s'explique enfin de manière tout à fait cohérente, ce qui expose la nature de cette religion dans toute sa vérité.

Certes il manque encore quelques pièces au puzzle. Les chercheurs le complètent au demeurant de plus en plus depuis la parution des travaux d'Edouard-Marie Gallez[157]. Faisons leur confiance dans ce travail d'approche de la vérité : ils poursuivront par exemple les investigations archéologiques sur les lieux d'origine des judéonazaréens, ils préciseront la part exacte des manipulations revenant à chaque calife et à chaque époque, ils comprendront davantage ce qui a entouré le choix du site de La Mecque, ils réaliseront une lecture exégétique complète du Coran et des hadiths (un très vaste chantier) et ils nous éclaireront sur bien d'autres sujets. Pourtant, même sans cela, le faisceau de preuves et d'indices est assez dense et convergent pour qu'émergent en

---

[157] On pourra citer les travaux de Robert Kerr, de Mehdi Azaïez, de Guillaume Dye, de Patricia Crone (référencés en annexe). Une attention particulière est à porter sur le travail de Jean-Jacques Walter : il a soutenu une thèse portant sur l'étude informatisée et systématique du texte coranique fin 2013 à Toulouse. Publiée en juillet 2014 (***Le Coran révélé par la théorie des codes***), elle est appelée à faire grand bruit. Elle corrobore les travaux de recherche historique d'Edouard-Marie Gallez en apportant des preuves inédites par sa méthode d'analyse informatique et mathématique du Coran, employée ici pour la première fois.

pleine lumière, et avec suffisamment de certitude, le grand secret de l'islam, son **imposture historique** et la vérité sur ses origines réelles : le texte coranique et la biographie islamique de Mahomet sont des fabrications progressives des siècles suivant les premières conquêtes des Arabes de Syrie ; les 50 premières années suivant le règne d'Omar ont joué un rôle déterminant pour le premier et les 50 premières années après Abd al-Malik pour la seconde. **Il n'y a jamais eu de révélation divine donnée à Mahomet** : l'islam est le fruit d'un processus très long et très complexe de réécriture de l'Histoire, s'enracinant dans une foi judéochrétienne déviante, rendue folle par les espérances messianistes.

Ce processus graduel a accouché d'une religion nouvelle qui a toujours poursuivi les objectifs messianistes de ses fondateurs judéonazaréens. Elle a imposé à la société civile un système de domination politique exploitant le religieux pour assoir une autorité totalitaire. De fait, l'islam s'est transmis et perdure par la poigne d'airain des souverains et régimes musulmans, par la peur du sacré, la peur de l'enfer et par le contrôle du corps social exercé par le groupe sur l'individu. Il a exigé et exige toujours la renonciation à tout questionnement et à toute critique. La soumission est à ce point la condition de sa perpétuation qu'il l'arbore même comme étendard. Mais cette soumission totale, écrasant les hommes, les nations et les cultures, n'a jamais pu s'accomplir pleinement sous peine de détruire absolument la société civile dont dépend l'islam pour sa perpétuation. **Le vrai islam reste et restera toujours à établir pour demain**. Cette incapacité chronique de l'islam à honorer ses promesses messianistes n'empêche cependant pas son expansion : le rêve des « lendemains qui chantent » a toujours tourné les têtes. Des milliards de personnes ont par exemple cru dur comme fer aux dogmes de la lutte des classes et de la dictature du prolétariat, malgré le si lourd tribut qu'elles lui ont elles-mêmes payé[158].

Messianisme laïc, messianisme religieux, même vision du monde, même combat

Les promesses qu'avancent aujourd'hui la société de marché, son progrès technique, sa raison triomphante et son commandement de jouir sont exactement du même ordre. Ces idéologies et leurs logiques de surréalité ne cessent de tourmenter l'humanité depuis qu'elle a commencé de croire à la possibilité de son salut. Le projet de rendre le monde conforme à un supposé dessein divin, l'idée même d'un projet de « société idéale » et en particulier le rêve d'une islamisation du monde sont la racine de l'intolérance la plus absolue, qui ne peut accepter l'autre comme tel, c'est-à-dire le respecter. L'autre est alors toujours en faute, qu'il soit un mauvais croyant ou un ennemi extérieur. L'autre est le mal : au mieux, on le « tolère », en attendant de s'en débarrasser plus tard. Certains ont ainsi bien perçu la folie qui consiste à vouloir éradiquer le mal de la terre. Comme le constatait Soljenitsyne, « ***la ligne de partage entre le bien et le mal ne***

---

[158] Cela malgré la mise en œuvre de manipulations du même type que celles que nous avons détaillées en islam. Souvenons-nous de la façon dont Staline a escamoté Trotski, son rôle et ses idées, pour façonner un discours officiel de la construction glorieuse de l'Union Soviétique qui aille dans le sens de ses intérêts de nouveau tsar. Elle procédait d'une logique de justification a posteriori très similaire à celle qui a poussé les califes à escamoter les judéonazaréens.

sépare ni les Etats, ni les classes, ni les partis, mais elle traverse le cœur de chaque homme et de toute l'humanité »[159]. Qui pourrait arracher une partie de son propre cœur ? Toute tentative d'éradication du mal, d'avènement d'un homme nouveau et d'une société parfaite est donc vouée par nature à l'échec, aux camps de rééducation, si ce n'est aux camps de la mort. Le monde ne se sépare pas entre purs et impurs, entre élus éclairés et masses obscurantistes à guider. Cette vérité avait été énoncée bien avant Soljenitsyne, par Jésus lui-même[160] lorsqu'il avançait cette idée nouvelle du salut. Un salut à chercher ailleurs et autrement, « *cherchez et vous trouverez* »[161].

Bien sûr, beaucoup de musulmans rêvent d'un islam idéal, d'un **islam de paix** et de concorde entre tous les hommes, toutes les cultures, toutes les religions - et beaucoup de non-musulmans le rêvent aussi ! Car la grande majorité des musulmans est constituée d'honnêtes gens qui n'appliquent pas à la lettre les commandements islamiques de violence et de domination politique, qui ne partagent pas la vision islamique d'un **Dieu terrible et guerrier** (s61,4 : « *Dieu aime ceux qui vont jusqu'à tuer sur son chemin*[162] »). Beaucoup ne les connaissent même pas, et c'est d'ailleurs très heureux.

Ces musulmans du quotidien trouvent dans l'islam un espoir, une transcendance et des valeurs traditionnelles de bon sens : respect de la famille, morale individuelle, règles de conduite en société ... Ils y trouvent aussi une fierté, celle d'appartenir à « *la meilleure communauté qu'on ait fait surgir pour les*

---

[159] Tiré de L'Archipel du goulag.

[160] Matthieu 13, 24-30.

[161] Matthieu 7,7.

[162] Texte complet de la sourate : *« Dieu aime ceux qui vont jusqu'à tuer* [qâtala] *sur son chemin* [c'est-à-dire pour Lui] *en rang serré, pareils à un édifice renforcé »* (Coran 61:4). Les traductions adoucissent le sens premier du mot arabe en le traduisant souvent par « combattre » alors que sa conjugaison en arabe indique le sens de « combattre à mort, jusqu'au bout ».

hommes » (s3,110)[163], en pratiquant la meilleure des religions, ainsi que l'espoir indéfectible que Dieu les fera prévaloir à la fin des temps . Cette espérance messianiste doublée du comportement de soumission à la volonté divine est la cause d'un certain fatalisme (« mektoub ! »), d'un consentement à la domination politique observé tout au long de l'histoire musulmane, et qui pourrait faire croire à cette possibilité d'un islam de paix et de concorde. Et si des mystiques parviennent même à isoler de leur pratique de l'islam une certaine sagesse, il faut aussi y voir un fruit de la simple expérience humaine et de l'influence de valeurs extra-musulmanes (chrétiennes notamment).

Il ne revient toutefois pas à ces musulmans du quotidien ni à ces mystiques de définir ce qu'est l'islam. L'islam existe en tant que tel par sa doctrine et son discours messianiste, par sa trace dans l'Histoire et surtout par ses textes fondateurs. L'application pleine et entière de l'islam que n'osent pas faire ceux qui pratiquent « avec modération » ne permet **aucun équivoque** à son sujet, comme le montrent les accès réguliers de violence qui électrisent le monde musulman du fait justement de cette application pleine et entière. Seule la mise en question du projet messianiste de l'islam, de ce qui constitue son identité de fond par les musulmans eux-mêmes (et donc

S9,30 : « *Les Juifs disent : "Uzayr est fils d'Allah" et les Chrétiens disent : "Le Christ est fils d'Allah". Telle est leur parole provenant de leurs bouches. Ils imitent le dire des mécréants avant eux.* ***Qu'Allah les anéantisse!*** »

[163] Les musulmans veulent identifier cette « *meilleure communauté* » à l'oumma musulmane, bien loin du sens premier du texte de « communauté arabo-judéonazaréenne » que lui avaient donné les inspirateurs de l'islam.

la mise en question du, discours et du texte coranique) peut rendre l'islam compatible avec la société civile. Sans cela, il ne peut qu'être en guerre perpétuelle contre elle, c'est-à-dire en **guerre perpétuelle contre l'humanité**.

Par ailleurs, rendons-nous compte que l'alphabétisation et l'accès de plus en plus facile aux textes islamiques ont permis depuis un siècle environ une **diffusion croissante et sans précédent** dans l'histoire des fondamentaux de l'islam au cœur même des peuples musulmans. Ils n'en connaissaient alors pour leur immense majorité que les discours et traditions orales. Et dans le même temps a disparu avec le califat ottoman cette poigne qui avait discipliné l'oumma, ou, tout du moins, qui avait permis la possibilité d'un certain équilibre entre religieux et politique – équilibre que tentent (ou tentaient) de maintenir les différents régimes de nature plutôt autoritaire que l'on a pu observer dans les pays musulmans au cours du siècle passé.

La modernité occidentale à l'origine de ces phénomènes, et la réaction musulmane à son égard, ont donc pour effet indirect une sorte de suractivation du mécanisme interne de l'islam (cf. schéma en page 109). On observe en conséquence l'apparition et le développement de nouveaux courants : Frères Musulmans, salafisme, takfirisme, tentatives de rétablissement du califat et autres « islamismes ». Ils procèdent tous d'une réislamisation incontrôlée du fait de la volonté d'une application pleine et entière de la religion et d'un retour aux sources. Mais on assiste d'autre part aussi à la montée du scepticisme parmi les musulmans face à ces mêmes incohérences, ces mêmes obscurités et ces mêmes injonctions fort peu empreintes d'humanisme que nous avons détaillées. La critique est libre sur internet, accessible désormais presque partout. Elle est malgré tout à peu près libre dans les pays occidentaux, peinant à être contenue par la pression sociale, le politiquement correct, les accusations « d'islamophobie » et par les interdits des autorités musulmanes nationales et internationales (l'OCI – Organisation de la Coopération Islamique - est en première ligne de ce front). C'est un phénomène nouveau, devant lequel la plupart des grands-parents musulmans ne reconnaissent plus « leur » islam et se sentent complètement dépassés. Des **lignes de fracture** apparaissent dans la nouvelle génération entre absolutistes, sceptiques et relativistes. Et l'on aimerait voir ainsi l'islam s'engager dans une dialectique entre libéraux et radicaux, et procéder à l'usage de la réflexion critique, à la désacralisation de ses textes, à sa réforme interne, à son aggiornamento. **C'est hélas impossible dans le cadre de l'islam**.

Voilà pourquoi le temps de l'islam est compté. Faute de réaliser lui-même son examen critique, il laisse d'autres le faire. Les recherches historiques se poursuivent. Elles progressent. Le texte coranique est en passe d'être reconstitué avec ses soubassements linguistiques syro-araméens[164]. La réalité de ses origines commence à être divulguée par des travaux de plus en plus nombreux, de plus en plus critiques et de plus en plus lucides. L'islam ne pourra longtemps empêcher que ne se propage partout la lumière sur ses origines, sur son imposture et sur ce qu'il est en vérité. Quand bien même il est très difficile à tout musulman conditionné d'exercer son propre raisonnement sur sa religion, le réel se fera de plus en plus présent à ses yeux derrière le voile de la surréalité islamique. Il s'avance avec toute la force de la non-violence prônée par Gandhi. D'ailleurs, on peut déjà prévoir comment il sera reçu par les musulmans en reprenant l'une de ses célèbres formules : tout d'abord il sera ignoré, puis il sera raillé, puis il sera combattu, et enfin, il prévaudra. Ce terme de non-violence n'est d'ailleurs qu'une

---

[164] La parution du livre de Christoph Luxenberg en 2004, *La Lecture Syro-araméenne du Coran*, résonne toujours comme un coup de tonnerre dans le milieu de la recherche et parmi les musulmans curieux de ces sujets. Son travail sera poursuivi et ses découvertes des soubassements araméens du texte coranique seront certainement développées dans les années à venir.

traduction faible de l'expression originale de Gandhi (en sanscrit « satyagraha »), bien mieux rendue par celle de « *force de la vérité* ». Jésus, l'homme du salut, l'avait dit : « ***La vérité vous rendra libres***[165] ». Elle viendra à bout de toutes les soumissions, de toutes les chaînes, et donc de l'islam, qu'Ernest Renan avait appelé la « *chaîne la plus lourde que l'humanité ait jamais portée* ».

Reste maintenant à **interroger la société occidentale** et ce monde qui s'occidentalise sur ce qu'ils ont à proposer aux musulmans pris dans le vacillement de l'édifice islamique. Pour la plupart d'entre eux (et également pour beaucoup de non-musulmans), leurs désirs sincères d'un monde plus juste, du respect d'un certain bons sens et du sens de Dieu ne sauraient s'épanouir dans une société de l'argent roi, de la marchandisation sans limites, de l'indifférenciation et du désir individuel considéré comme raison d'être exclusive. Tout cela ne renforcera que davantage l'attrait du système islamique et de ses promesses messianistes, perçues comme seuls remèdes à cet Occident devenu fou. Au risque d'une confrontation que l'écroulement à venir de l'islam ne rendra que plus violente.

[165] Jean 8,32.

ANNEXES

Quelques références facilement accessibles pour approfondir le sujet des origines de l'islam :

Edouard-Marie Gallez, docteur en théologie et histoire des religions, à l'origine de la thèse des judéonazaréens comme source de l'islam et de la vision globale développée dans *Le Grand Secret de l'Islam*

- Sa thèse : *Le Messie et son Prophète* – 2 tomes – Editions de Paris, 2005-2010
- Le site où E-M. Gallez actualise sa thèse : http://www.lemessieetsonprophete.com En particulier, l'analyse de la racine « kfr / koufar / infidèle » dans le coran et le discours musulman : http://www.lemessieetsonprophete.com/annexes/kfr.pdf Egalement son analyse de travaux récents sur les origines de l'islam (Puin, Luxenberg, ...) : http://lemessieetsonprophete.com/annexes/Hidden_origins_of_Islam.pdf

Robert M. Kerr, de l'université de Wilfrid-Laurier (Canada)

- « The language of the Koran » : comment le Coran a été écrit en Syrie (article en anglais) https://www.academia.edu/2593422/The_Language_of_the_Koran

Patricia Crone, de l'Institute for Advanced Study (Princeton, Etats-Unis), ancienne maître de conférences à Oxford et Cambridge (Royaume-Uni)

- Meccan *trade and the Rise of Islam* – Princeton University Press, 1987
- « De quoi vivaient les païens décrits par le Coran ? » (« How did the quranic pagans make a living ? », article en anglais) http://www.jstor.org/discover/10.2307/20181949

Manfred Kropp, de l'université de Mayence (Allemagne)

- « Un Philologue lit le Coran », conférences données au Collège de France, en octobre 2005 : 1 - L'Arabe pré-islamique ; 2 -Le fait coranique ; 3 -Tradition écrite et tradition orale ; 4- Les études coraniques en occident : https://www.youtube.com/playlist?list=PLrxfWBuFyjdWjgPAbxIlDFWVZcod7q_4t

Guillaume Dye, de l'Université Libre de Bruxelles (Belgique)

- Entretien libre avec Abdelwahab Meheb, dans l'émission Cultures d'Islam, sur France Culture (14/03/2014) http://www.franceculture.fr/emission-cultures-d-islam-le-seminaire-coranique-3-2014-03-14
- Participation à l'ouvrage collectif *Le Judaïsme entre* "théologie *de la substitution" et "théologie de la falsification"* : actes du colloque tenu à l'Institut d'Études du Judaïsme (ULB) les 23, 24, et 25 septembre 2008 : https://www.academia.edu/1269026/La_theologie_de_la_substitution_du_point_de_vue_de_lislam

Autres ressources

- Un *tafsir* en ligne (exégèse du coran), conforme à l'interprétation sunnite de l'islam : http://www.islamophile.org/spip/-Sourates-1-a-10-.html
- Le documentaire de **Tom Holland**, « Islam : the untold story » (en anglais – documentaire diffusé en août 2012 sur la BBC) : http://vimeo.com/79051482 (documentaire dont est extraite la photo de la première pièce de monnaie à mentionner Mahomet, présentée en page 103).

On pourra aussi consulter et télécharger librement depuis le site http://legrandsecretdelislam.com une synthèse en deux parties du *Grand Secret de l'Islam* : un résumé en 8 pages, et une présentation détaillée des sources spécifiques et de la **bibliographie sélective** au fondement du *Grand Secret de l'Islam*, en 10 pages.

SOMMAIRE

Groupe CCEE,
Zi ST Mitre Est, RN 8 Quartier d'entreprises
13400 Aubagne
http://autres-talents.fr

Achevé d'imprimer en décembre2015

Isbn : 978-1-326-18074-4
Dépôt légal février 2015

Imprimé en U.E.